回到家庭去

柯惠鈴 —— 主編

婦女職業問題討論集 (1933-1945) 上

Kinder, Küche, Kirche
Dispute about the Women's Work Right, 1933-1945
- Section I -

導論

柯惠鈴 中原大學通識教育中心教授

一、本書史料的蒐集編纂

時至 21 世紀的今天，關於婦女是否應加入職業勞動行列，已非爭議性的社會問題，時人更關心的是男女工資間存在差距，這是全球各地普遍共有的現象。

以美國為例，1939 年，羅斯福總統任內（Franklin Delano Roosevelt, 1882-1945），一部稱頌女性自力更生，不依靠他人的電影《飄》（Gone with the Wind），被授予最佳影片獎，當時男、女工資比是 1 美元對 63 美分。1985 年，時隔近 40 年，美國人口統計局所公布的男、女工資比是 1 美元對 64 美分，改變幅度顯然極小。惟 1985 年美國職業勞動市場女性佔比已高達 45%，許多過去向由男性獨佔的行業，如工程師、醫師、公共汽車司機，如今都有女性身影。不過，男女從事同一工作，同工不同酬的現象始終牢不可破。學者針對美國盛行男女同工不同酬，提出許多解釋。舉其要者，即因女性大多數是家庭的「輔助」掙錢者，且需分心照顧家庭，雇主理所當然壓低女性的工資。其次，婦女的工作被視作不需要什麼專門技術，這種偏見使得女性所得薪酬較男性同職位者低。最後，女性就業人口集中於幾類工作行業，如祕書、打字員及護士，如此造成工作「女

性化」的刻板印象，工資跟著固著。

20 世紀美國婦女職業問題的變化脈絡，提醒吾人婦女職業問題不只具有歷史的根源，還有現實的意義。時至今日，研究近代中國婦女職業問題不也是處於「他山之石，可以攻錯」的有利時機？也就是說，過去的100 年，從清末民初維新派梁啟超提出女子分利生利說，到臺灣喧騰一時的家務勞動有給制應否形諸法條的爭議，其間，婦女職業在歷史中往復討論已千轉百迴，許多爭議焦點及答案，曾經多次在歷史中閃現，尤其是五四之後的 1930、1940 年代，在全球化浪潮籠罩及緊隨的戰爭破壞煎熬下，許多當代婦女職業爭議其實早有了前例可尋。

論近代中國婦女職業研究資料，已出版的，包括張玉法、李又寧編纂的《近代中國女權運動史料，1842-1911》，該書所收資料涵蓋清末民初；接續其後，比較知名的是梅生編輯的《中國婦女問題討論集》，所收資料集中於 1920 年代。為補充與銜接這些已出版的婦女職業問題資料，這本「婦女職業」問題討論集，所劃出的時間跨度便從 1930 年代推衍至 1940 年代。回顧目前婦女職業研究成果，過去因未見戰前與戰時的資料集出版，故而降低這段歷史時期婦女職業研究形成焦點的機會。這本問題討論集的另一目的，便是寄望藉著專題資料選集出版，以通貫性的方式，檢視 20 世紀中國婦女職業歷史歷經開創、轉折、匯流、分化的曲折過程。

既為補充與銜接婦女職業問題研究，故這本史料集，主要關懷的便是在五四波瀾壯闊的女權提升浪潮

後，婦女職業討論走入 1930 年代至 1940 年代，即抗戰
爆發前及戰時，其變化的主要方向及內容是什麼？而種
種變化既上接五四，復又下啟 1950 年代海峽兩岸婦女
職業的各自發展，不論就通貫性的理解，抑或呈顯特定
時代的斷續轉折，這本史料集皆立基於能提供新思考、
新視野的編纂目標之上。

　　為達上述目的，本書所收報刊資料範圍便仿照前輩
學者，儘可能加以擴大。所收報紙，力持涵蓋中央及地
方；期刊方面，主旨是「兼容並包」。有見於 1930 至
1940 年代，報刊出版蔚為百花齊放，各種不同報刊在
婦女運動、婦女問題上，也自有鮮明立場，是以廣收多
元看法顯然必要，如此是為避免研究時，有掛一漏萬之
虞。再者，研究者普遍深信，任一討論女權問題的文本
所流露的訊息，絕非只具單一面向，所以無論如何種方
式對文本進行分類，都可能帶著先入為主的偏見。幾經
考量，編者最終採擇依時間序列編排呈現史料方式，以
凸顯史料緊扣時代變化的研究取徑。

二、抗戰前的婦女職業問題——全球化浪潮

　　本書試圖從中外學界現有的研究成果中，以「婦女
職業」為研究主題，形成專門性研究的史料彙整，藉此
提出一些新研究角度，要旨是新研究角度能「發前人所
未發」、「言前人所未言」，最終，將抗戰爆發前及戰
時的婦女職業，放入 20 世紀中國的女權發展中，予以
通貫性的詮釋與理解。

　　戰前，關於中國婦女職業的言論，逐漸浮顯出時代

變化的足跡，較顯著的是和全球接軌的時代趨勢已現。簡言之，1930年代中國婦女職業問題受「全球化風潮」激盪，顯示了其與1920年代婦女職業問題環繞著破除封建舊傳統、介紹新思潮，乃至與革命攜手並進的情況，大不相同。婦女議題和全球接軌的一個具體徵象是，1930年代中國婦女職業的討論，和其他各類女權爭議相較，關注此問題的文字占據報刊雜誌篇幅最多，堪稱是歷久不衰的社會議論焦點。追溯討論熱潮起始，正逢全球經濟大蕭條及德國希特勒政權登場伴隨「婦女回到家庭去」口號響徹雲霄之時。面臨兩股力量相激相盪，由世界撲向中國，力道強勁，激起沿海城市智識階層對此作出迅即回應，其特點已不是「西風東漸」而是「納世界於中國之中」了。

　　五四掀起女權保障的滔天巨浪，1930年代續承其緒，進一步的改變是「女權」走入實際社會，輿論更加關注男女平等如何真正達成。於是婦女經濟獨立、職業機會平等與社會現況聯結，引發不分男女的知識分子暢所欲言，熱烈參與討論「婦女職業」問題。1930年代以來，沿江沿海城市持續穩定發展，百業俱興，工商業力量蓬勃上升，女子走出家庭、走入職場，自然而然便超越五四呼喊「娜拉」出走所側重的精神覺醒，許多言論轉而強調「物質生活」與婦女獨立的關聯性。更明白的說，婦女職業討論所重者，是資本主義體制下的社會，是否要有男女能力之別與職業之分，這類問題的提出，智識婦女因事關切身，尤多關注。報刊上林林總總的言論，對婦女職業問題自是看法不一，立場相異，紛

雜多元，引人入勝。

　　要言之，1933 年左右，婦女職業討論出現重要轉折，爭議的重點轉向檢討女性就業是否對男性就業形成競爭關係？以及女性職業對家庭經濟是否提供幫助？這些問題的討論，不免涉及到中國「落後」的「次殖民地」地位。部分有識之士提出歐美先進國家婦女職業問題的產生與解決，與中國所面臨的困難，本質上有所不同，實難亦步亦趨借鏡，故要解決中國婦女職業問題必須正視中國眼前現況。綜觀這些婦女職業問題言論，其內容又日漸與「婦女解放」結合，考慮的問題漸由智識階層擴及到社會其他階層的眾多婦女。際此，五四的「娜拉」重又登上婦女職業論域的舞台，且被賦予新的時代樣貌，亦即新登場的「娜拉」具有自謀生活的能力，不只在精神上獨立自主，物質上也不仰賴男人，明言即是一位從裏到外、從精神到物質都獨立的女性。1920 年代進入中國的「娜拉」，與時俱進了，她再次成為鼓舞婦女追求職業的「外來女性」，1935 年順勢叫做「娜拉年」。

　　「娜拉」一登場，婦女職業與婦女解放更加緊密結合，其影響是討論婦女職業擴及婦女教育、婦女家庭責任、母性的優勢與劣勢等問題，包羅範圍甚廣，各種爭議分歧也更加顯著。不過，就在各方爭論婦女職業與婦女解放該何去何從，矛盾困惑方興未艾之時，傳來希特勒宣告「婦女回到家庭去」的主張，這不啻為婦女職業問題投下一枚重型震撼彈。原先的婦女職業與婦女解放爭議，加入「婦女回到家庭去」議題，三者混融，使

婦女職業問題漸趨集中討論婦女如何在職業與家庭間做出選擇？再進一步則探討「母性」是婦女應受重視的天份，還是捆綁婦女才能的金箍咒？更激烈的言論，則直言痛訴母性其實是男權壓迫婦女的根本依據和來源。對婦女身受職業與家庭兩重負擔的關注，又引發「賢妻良母」為適應時代要有新內涵的論戰。隨著 1931 年日本侵華腳步日亟，「賢妻良母」關涉國家力量興衰，使得婦女職業、新賢妻良母論與救國保民日漸合流，這個爭議實已開啟戰時婦女職業討論的先聲。

包括共黨在內的左派言論，在 1930 年代婦女職業問題討論中，另有分殊的脈絡可尋，其言論承襲五四時即眾口咸稱的：「經濟是一切婦女問題根源」的主張。1930 年代循此脈絡，推衍出所有婦女都要有職業，立場始終一以貫之。左派認定婦女應有職業，他們奉蘇聯經驗為圭臬，力持兒童公育，鼓吹社會應致力興辦托兒所、公共廚房以助婦女解脫家務負擔，一言以蔽之，婦女應就業，乃有依靠理想從而簡化中國社會實質艱困，改革難圖之嫌。值得注意的是 1930 年代，智識階層討論婦女職業問題，隱然浮顯了蘇聯模式對上希特勒德國模式的選擇，以女權保障的未來前景來看，顯然智識階層「親蘇」者較「親德」者多。

以上所述，提醒研究者在細察資料時，或許可以不只關注什麼主張是什麼人所說，或是什麼樣的立場是彼此相詰的。若能再深入一步，挖掘諸多文字的「言外之意」，例如解釋 1930 年代城市社會經濟與男女職業問題爭議的軌跡，有著什麼樣的辯證關係？又或 1930 年

代「全球化浪潮」對中國婦女職業問題去向的影響為何？也就是，如何能在更大研究架構中提出婦女職業新問題，此一思考是本資料集編纂時所依循的方針。

三、戰時的婦女職業問題——家國重負

本資料集的第二部分，所重者是對日抗戰八年，報刊上諸多討論婦女職業問題的資料，能否與抗戰史其他領域目前已得的豐碩成果結合，從而導出婦女職業問題的新觀點與新解釋。

1937 年，中國對日抗戰爆發，隨著戰局演變，東南半壁河山漸次淪入敵人之手，家庭破碎已成現實，廣大婦女也難安居，尤其是是經濟情況漸走下坡，婦女職業問題由大局勢的抗戰救亡、民族解放，降及個人的衣食溫飽，補添收入的追求，其議論的各自觀點與立場，自是比戰前要來得激烈。戰前的爭議雖還延續至戰時，但戰爭的環境迫使諸多議題在社會中發酵，衍生不同變化，其結果是單從「女權」觀點研究戰時婦女職業問題，已難窺這一問題的全豹。

「婦女佔人口半數」，這個說法在戰時報刊上，隨處可見，惟此一說法並非重在人口計量，它提醒當時人們，「婦女」是戰時中國人力、物力動員的重要對象，而如何調遣婦女這支人力大軍，是鼓勵她們留在家庭育兒持家呢？還是開放各種職業，讓婦女填充各種工作崗位？便成為各方論辯不休的重要戰時社會議題。過去學者對戰時婦女職業問題的研究，多半較關注「女權」提升或下降，現今的研究則可拉大視野。

　　近幾年來，有關抗戰時期軍事、社會、文化各方面研究，積累了相當豐碩的成果。略舉其要，有關抗戰時期「人民苦難」的研究，提出一個重要觀察，即戰爭中一般人作選擇的動機與其行動表現，面目複雜，尤其是不同社會階級所擁有的、可運用、可迴旋的資源多寡不同，面對戰爭苦難，遭遇更是此殊彼異，研究戰時婦女職業問題，顯然不能忽略階級與苦難這個視角。再者，戰局逐年變化，每一年，隨軍事態勢、國際外交的條件不同，國民政府乃至地方政府都有不同的政策因應，「行政」與「社會」的連動，也是新的研究面向。總之，對戰時婦女職業進行研究，顯須納入戰時環境、婦女職業、抗建工作、家庭處境、階級差異等各種因素，否則對戰時女權的升降解釋便可能流於一廂情願。

　　以過去學者曾十分注意的案例來說，1939 年，郵政總局及海關公告停止招聘女職員，引發婦女界反彈，知識階層女性同聲一氣，釀成女權爭議的一場軒然大波。今日，若不再侷限於女權觀點，而改採「戰爭與社會」這個角度來重新詮釋，其面目是否不同？更進一步說，當時中央及地方各級機關首長，不無陳明戰時行政的各種困難與窘境，裁汰女職員出於「行政理性」的考量，言之鑿鑿。此一措置，卻被認為截斷五四闢出的婦女解放之路，申援女權的言論，抨擊此種作法是「保守」、「後退」，顯然也言之成理。過去的研究，向來較看重後一種由「女權」出發的主張，忽略戰局變化中的女權爭議其實不是「紙上談兵」，而是「社會裂解」的一類線索。換句話說，遷至大後方的國民政府，漸受

軍事、內政、經濟、外交困難局面壓迫，在資源告罄下，對婦女職業作出必要選擇和處置，無非是不得已的救急手段。若只以女權研究視角切入，便難見戰爭的全般破壞，又或是戰爭萌芽的「建設」，如何改造社會、改編女權乃至改變個人。

總之，戰時婦女職業問題千頭萬緒，或許戰爭環境下，女權的伸張本就注定崎嶇曲折，迢迢難行，研究自然也理應是百家齊鳴。

四、餘論

婦女職業問題的爭議，可說與抗戰相始相終。戰爭行將結束時，輿論出現保障與提倡婦女職業即等同提高婦女地位，此一說法在左派闡釋下，漸成政權開明民主的指標。顯然，婦女職業討論染上政治色彩，這對戰時早已焦頭爛額的國民政府，無疑是道催命符。戰後，兵荒馬亂，左派言論占盡上風，他們秉承一貫爭取婦女要有職業的立場，在強調兒童公育、公共食堂等溫和社會改革主張之外，更強烈批判廣大婦女失業的社會現實，所談已涉及政府改革的失敗，激烈議論搖撼國民政府統治聲威。

戰時、戰後的變化，呈顯婦女職業討論從來就是近代中國女權發展變遷的一個重要部分，女權保障政策與措施，不是社會改革的一個邊緣問題，相反，在政治論域中，尤其是戰爭結束前及戰後，婦女職業已上升為區辨國、共兩黨「開明與否」的標的。彼時，兩黨對此問題取捨相異；往後，婦女職業開展局面自然分殊。

可比較的是，進入 1950 年代，海峽兩岸執政當
局，對「婦女職業」有不同政策立場，他們從戰時經驗
中汲取「教訓」，從而端出不同政策，說他們根源相
同，道路分歧，應不為過。臺灣由蔣宋美齡領導的婦聯
會，在國難邦危下，動員婦女穩住家庭，家庭優先，行
有餘力才顧及社會服務，諸多婦女的「餘力」集結，拓
出事業之基，究其實，當時中央對婦女職業的態度可謂
保守滯緩。中國大陸的社會主義建設則是號召婦女人人
需有工作，憑此擴清舊社會蔑視婦女的遺毒，新政權以
婦女有工作和婚姻自由兩大女權保障，作政權革新的招
牌，相去之間，甚是明顯。兩黨的走向，溯其源，早於
戰時婦女職業爭論中，已可見蛛絲馬跡。

陳衡哲於 1935 年在《獨立評論》上發表〈復古與
獨裁勢力下婦女的立場〉一文，揭示 1930 年代西方幾
個大國受困於經濟、政治、軍事惡化，逕自走向「獨
裁」，中國也有自身的難題，以至「復古」之論甚囂塵
上。際此，陳衡哲闡述女權只有在康健社會環境中，才
能真正獲得保障且提升，這番出自特定歷史時代的言
論，恰恰提醒我們，婦女職業在歷史長河變化中，有
斷、有續、有同、有異，各方面都值得進行更深入、更
長遠的觀察與解釋。

關於這本史料集，還有幾個關於抗戰時期所具有的
文本特殊性問題，有別於此前、此後階段，值得注意。
首先，戰火蔓延打破過去沿海城市作為文化重鎮的趨
勢，更多文化人、知識人流向內地、去往農村，「文
壇」重清洗牌。戰爭使國家與人民的聯結更為密切，許

多能文會寫的文藝愛好者，不再受制於大城市名家當道，出版把關的阻攔，加上關切民瘼的一片赤忱使然，他們往往拿起筆來就寫，寫了就投，許多人被稱作是「一文作者」，一文、二文發表後，沒沒無聞者，比比皆是，討論婦女職業的情況如出一轍。文字寫作者不斷冒出，他們的文字多半並非鴻篇巨制，但從內容、文風以及討論問題的方法來看，都顯示出抗戰時代紛亂環境下自由與苦悶相伴相生的情況。其次，為躲避戰爭不時而降的各種危險、風險，不少作者對自己名字進行刪改、塗飾，以致許多文章的署名者似真名、似筆名，原因出在寫文章者不求出名，更傾向是發抒心聲，藉書寫以澆心中塊壘，這種情況使得討論婦女職業問題者，未必以專家、名人為主，加上琳瑯滿目的期刊散佈甚廣，這樣的論域空間也是戰時獨有的。最後，戰時物質日益短缺，出版事業處於「苦撐待變」狀況，紙質惡劣、鉛字損壞嚴重不說，校對、印刷、油墨各種窘態畢現，許多文章錯漏字情況驚人，如今能有機會擷取婦女職業問題的篇章，加以打字、校對，使其「重見天日」，有助於學術研究，也是幸事一件，這又不能不感謝民國歷史文化學社編輯部的努力。

目錄

第一編

職業婦女與婦女職業

1933–1937

女子與職業

楊夏瑾

　　女子要達到自由平等的目的，就非有自立自尊的精神不可。要養成這種精神，職業實為其先決問題。在此惟物史觀極端發達的時期，無論精神上的慾望（如自由平等），或物質上慾望，差不多全建築在經濟的基礎上，所以想要滿足這種慾望，無論男女就非從事職業不可。因此女子職業問題也就成了現代社會中心問題之一。但在這失業風雲滿佈全球的當兒，職業問題無論男女都很困難。我們討論的時候也就非審慎不可。

　　「職業」二字的解說，我以為是人類出賣勞力或心神，冀獲同樣代價，以達到謀生或進而為愉快之目的。這種對於職業的報酬觀念論，誰也不能否認，我深信從事職業是為要求報酬，我深信那些教育家職業家所說從事職業乃為社會國家服務（當然也含有相當成分，但確屬副目的）這種話大半是在騙人。但現在一般報酬論者，似乎眼光太淺近了。他們以為工作應該得報酬，但是報酬不一定就立刻和工作實行交換，有時可以先交報酬，慢做工作，有時可以先做工作，慢得報酬，有時也可先付一部份報酬。我來舉幾個例以證明這種說法！

　　一、一個學生剛從學校達到社會服務的時候，他們報酬和工作相差很遠，因此怨恨的人很多？然而我卻以為這是很公正而無所用其怨恨的，大概從事職業的人都在二十歲後，在這二十年中是受著社會的教育（包含學校教育、家庭教育、社會教育）消費著社會的生產品，這生產品和教育是社會給予青年學生們的報酬。但青年學生們並未工作。現在所應得的薪水實在不能算做報酬

的代價哩。誰說不公平？這是先付報酬的例。

二、一個科學家從事研究一種科學。當一個人關在實驗室中，從晨到晚，只是銷毀化學用品，可說全無報酬。但是一經發明之後，報酬卻是無可限量的。青年們，你們願意從事職業，當然希望報酬，但切勿只看眼前，須回顧過去，展望未來，才能對於工作努力。

我以為男子是人，女子也是人，大家毫無分別。在這二十世紀，男女平等，誰也不得否認。所以此後只有人與人的分別，而沒有男與女的分別。不過講到職業這一層，因為體質和天賦個性不同，我們女子的職業以下列幾種最為適合。

一、農的方面，如養蠶，養蜂，種果、樹，都不費多大的氣力，而需要精細的人才，所以是很適合女子的。

二、工的方面，如紡織，管理普通的機械，都很適合，因為女子們都能細心審慎。

三、教員，女子的個性多數都很溫柔的，所以女子們充任教師之職是很適當的。

四、此外醫生商店中的售貨員，記帳員，打字員等；亦很適合。這種似可不必多說。不過有一點還得注意，就是：上面所說係就普通而言。究竟職業的選擇是要依個人興趣而定的，因為有興趣才能不厭倦而獲進步。男子未必個個粗魯，女子也未必個個細心。所以職業的選擇，仍應以個人而別，不能就男女以分。這是我最後的聲明。

（《女子月刊》，第 1 卷第 2 期，1933 年）

中國婦女職業問題研究　　　孫軼歐

一、現代婦女職業之重要性

　　中國現在的婦女職業，可說是尚在萌芽時期，一般人對於婦女職業之見解，以為只宜於家庭間工作，這種謬誤的心理，乃是根據「男子治外，女子治內」的古訓而來的，他們的理由，也不外是說女子的體力不如男子，且有妊娠育兒的關係，的確宜於在家庭間工作；不過我們要知道女子體力之所以不如男子，乃由於四千年來的束縛，沒有充分操練的原因，我們試看歐戰中婦女勞働的結果，就可證明女子的體力不弱於男子，我們更可以看見田間鄉村的女子與男子作同樣的工作，至於妊娠和育兒，乃是生理上的關係，在妊娠中除了不宜於劇烈的勞働外，也並非不到其戶外去工作，婦女也並非天天在妊娠中，而且不妊娠不育兒的婦女也很不少。由此看來，「女子治內」的論調，可說毫無理由、毫無根據了，還有一般人的心理，以為在目前的社會，失業的人太多，如果再加入了許多女子，那失業的男子便更多了。本來男子職業的報酬很低，倘使女子侵奪男子的地位，因競爭而可減少男子的薪俸，這種自私自利的論調，嚴格的說起來，那也未必完全合理。在現在畸形的社會制度下，許多極宜於女子工作的職業，確為男子所佔據，而男子仍有許多失業，不過這是一種變態的畸形的現象，我們應當如何使工商業發展，並非叫女子不謀職業，男子就可不致失業，這是絕對的錯誤！

　　至於報酬問題，在目前社會制度之下，如果不把工資、時間，以及保護的方法，加以改良，即使有婦女加

入，男子所得的酬報也未必豐盛，且婦女從事職業，不但不妨礙男子職業，還可在經濟上幫助不少。從上面看起來，可知婦女從事於職業，既不妨礙身體，又不妨礙兒童，更不妨礙男子職業，且可減輕男子的負擔，增加家庭幸福。試就南京、上海而論，生活程度一天天地增高，而勞働者的報酬，又極低微，一人生活尚難維持，如何養活家庭呢？所以婦女能夠自立，可使男子的負擔減輕，並可維持男子的人格，即如一般無產階級者，因無養育妻子的經濟能力，於是抱獨身主義，以保障自身生活，雖然到了結婚年齡而不能結婚，一旦性慾衝動，陷入不正常之地位，人格因之而墮落，身體因之而孱弱，這是何等的可憐！所以處於目前的社會，無產階級的婦女，固應從事於職業，就是有產階級的婦女，也該從事於職業，換言之，只要是人類，除幼童和殘廢者外，都應從事於職業。

二、中國過去之婦女職業狀況

婦女無須自謀生活這是自古以來所主張的，直到現在還有一部份人贊同「三從四德」就是婦女的本務，如果能做些女紅，那就認為婦女職業了。古人對於婦女本無職業觀念，所以父母為女兒匹配，必求對方有財產，足以使女兒不受飢寒，就算婦女從事於職業了，除了家庭間的女紅外，如果到外面去工作，那就以為失了體面！——大家都以為管子勸女紅乃是婦女職業問題之開創者，我們站在客觀的地位來說，女紅是不是可以當作婦女職業呢？女紅是不是可以維持一己的生存呢？雖然

自古以來，有不少守節的寡婦，靠著自己的女紅，以養活生命；但是能否不依賴丈夫的遺產或親友的幫助呢？所以一般無產階級的女子，又都是丈夫的養育，一旦丈夫見棄，自己經濟又不能獨立，更無親友幫助，那有不陷於自絕的地位嗎？「好生惡死，人之常情」，自己既到了自絕的地步，那有不放棄人格，以求苟延殘喘呢？娼妓由來的原因，固然很多，不過經濟的壓迫，實為主要原因。本來娼妓我們也可說是一種自給職業，但此種卑鄙行為，實汙辱光榮的人權，我們應該早早洗掉這個汙點，我們要知道這汙辱是由古代不注意婦女職業問題而產生的，所以我們今日提倡婦女職業，也就是間接提高女權！

三、中國現在之婦女職業狀況

誰也不會否認在以前深藏閨閣的女子，現在也漸漸兒被迫投入社會中了，一方面是由於女子的覺悟，所以除了一部份甘作下屬的婦女外，大都想從事於職業了。同時社會隨著時代而前轉，可以使他們得著相當的機會，但是除了少許工廠，和商店外，也不甚發達，所以女子要謀相當的職業，實在比男子要難著幾倍，——在繁盛的商業或文化的中心，如天津、北平、上海、漢口、南京等處，雖學校有了女教師，報館中有了女記者，機關中有了女職員，書館中有編輯員，甚至於有了女委員女大學教授，可是還是少數中的少數，所以中國婦女之職業問題，實在還在幼稚時期。——再講到報酬，無論何種職業，婦女的工資，較低於男子，即如裁

縫一項，男子縫紉的衣服，未必比女子好，工資卻比婦
女高；就是其他的工作，婦女勞働的時間往往多於男
子，而所得的報酬適成反比！就在最清高的文化教育
界，能夠男女同等看待的，也是鳳毛麟角，即使勞力
同，時間同，而待遇方面往往男子被女子為高——，在
現在婦女工作的時間，往往在十小時以上，高至一晝夜
三分之二以上的工作時間，一般資本家，利用女子服從
的本性，於是加上了夜工，竟把婦女當做牛馬看待，所
以現在婦女職業最重要的地方，在怎樣能使許多的婦女
得著相當的職業。以及怎樣能便缺乏反抗力的婦女，擡
起頭來，這問題的答案，只有普及女子教育！

　　再看看現在女子的教育如何呢？一般貧苦的女子，
是否能得著求學的機關呢？這是很嚴重而難解決的一個
問題，但是因其難解決而不去解決，也是極大的錯誤。
現在要求投身社會從事於職業的女子，多極了！我們只
希望一般受過高等教育的婦女們，本著互助的精神，
向前努力著！努力著！為未來的婦女們創造真正的幸
福吧！

一九三二年七月九日南京
（《婦女共鳴》，第 2 卷第 8 期，1933 年）

婦女與職業

錢一葦

自男子在社會上握得優越權後，我國數千年來的婦女們，向來是蟄居於男性之下，低首下心地終身永世的倚賴著男性的維護和贍養。無論衣的、食的、行的、住的，都要受著男性的支配和節制，無異她們的生存，是依附著男子而生存的，本人絲毫獨立的自由和主權。這種寄生蟲般底生活，是多麼地可憐和傷心呵！所以那時的婦女，因束縛於封建勢力的壓迫，和自身意志的薄弱，她們除了謹慎小心百般依順地搏得男子的歡心悅意，予以物質上供給外，任怎麼地遭受男子們的蹂躪和壓迫，是不敢或者有所仇視和抗議的！

但這種黑暗的時代畢竟不會永恆地佔領整個宇宙的，自西洋的新思潮衝進了我國，因而我國社會上便發生劇烈的革命運動，接著應和社會革命而起的婦女解放運動底聲浪，便響澈了大地，我國久遠蟄伏於男性鐵腕下的婦女們，猛然地從睡夢中覺醒了起來。

一切問題的解決，大部分是必以經濟為先決條件的，因而婦女解放運動的要求政治地位平等、法律地位平等，教育地位平等外，更注重於經濟地位平等的競爭和獲得，婦女果能獲得經濟地位的平等與獨立，則其他各樣底「解放」、「自由」、「平等」的問題，便可迎刃而解了。

在西洋的婦女，她們都受過相當的教育，有相當的獨立能力，除少數驕奢淫佚受著丈夫的供給外，大半已覺悟到婦女「不勞而食」、「不織而衣」依賴著男性而生存的婦女，在婦女歷史上是最可恥而洗刷不了的焦

點！她們知道女子並不是除了做「賢妻良母」外，便無從事社會生產的責任和能力，既與男子同為人類，便應該有人類自我保存的機能。社會上一切生產的活動，經濟的支配，以及技藝上的工作，她們都要獲得有相當的權利，她們所具有的社會常識，和各種生活技能，亦多數能站在和男子相等的地位，而能在職業上與男子有並駕齊驅的可能。

處在積習牢固的舊家庭制度之下的中國婦女，國家對於她們的職業教育，素乏注意。同時社會的舊觀念，又不容許她們在職業上有相當的地位，所謂：「女子無才便是德」，「在家從父，既嫁從夫，夫死從子」等等的聖訓，便是壓迫婦女不使她在職業上獲得義務和權利的機會，而造就經濟上男子獨斷的策略。

要求經濟的獨立，必先在職業上有所側身的機會和能力，職業便是經濟獨立的來源，假定婦女們各個地都有自立生存的職業，那末，無需便依附著丈夫生存，而可以獨立的自由的做個完善的人了。

但是各種輕重大小的事情，不是每個人生就便會天然會做的，在未從事於這種職業之前，必須先求得充分的職業力量。所謂職業力量，便是在職業上的各種知識和技能。要做某一件事，必先對於所做的某一件事有相當的認識，這認識，便是對於這事情的知識，同時知道對於某一件事應用什麼方法去做，怎樣去做，它的效果才大，這便是對於這事情的技能；這種知識和技能，統括言之：便是從事於職業的「力量」呵！

這種職業的力量，既不是天生就生存的，那末，要

從事於職業的工作，必先訓練純熟有某種職業的力量，
有了職業的力量，便可從事職業的工作，而求得經濟的
獨立，和生存的保障。至於職業力量的訓練，約可分為
下列數項：

（一）廣設女子職業學校——中國雖然已有不少的
女子職業學校，但私立居多，收費太昂，除了一般資產
階級女子，得享有教育機會外，在一般水平線下的女
子，祇有「望洋興嘆」之感。且這幾許私立學校，每因
經濟困迫，乃因陋就簡，祇知多招收幾個學生，可以多
收一些學費，內容腐敗到極點（當然好的也有），不加
以改革，因而造就了一般有名無實的小姐，預備去嫁幾
個有錢有勢的丈夫，就或有少數的女子，確有勇敢的精
神去從事社會一切實際的工作。可是，終因為學校裡所
學的力量，空泛不夠，一入社會，便處處感覺著不敷應
用，或竟學非所用，辦事發生困難，因而遂使她們志餒
步怯的再不敢問津了。並且這一般資產階級的女子，畢
竟是少數，而其中還有一部分受著家庭的束縛，怕她們
出外，受靡風惡俗的薰染，或是怕她們嬌養慣常的身
體，經不起就學的勞苦。寧願把她們一個個的閉守在閨
閣裡，因是真的能受貴族教育的資產階級的女子，還是
鳳毛麟角的少數，而且就是受過教育的，大部分又是不
會做事的木偶呵。這便是吾國社會上婦女職業不見成
效，而經濟不能獨立的唯一底病態呢！欲挽救這種病
因，那末，只有國家廣設優良的女子職業學校，內容精
求完善，而收費極輕，免費貧苦優秀的女子入學，受
優良教育的女子多，自然地女子職業的成效發達和鞏

固了。

（二）廣設婦女工讀學校——這種學校，是供給一般貧苦失學和成年失學的婦女而設立的，使她們半工半讀，一方面可以維持家庭的生活，一方面可以求得職業的技能，俾作生產獨立的基礎。這類學校的主要意旨，是教授她們能看看淺近的書籍，寫寫普通的信札，具有生產的薄技，具有普通的社會常識，……施授的科程，便根據這方面注意之。由政府撥費開辦，城市鄉村均能普遍地設立，惟因環境的不同，擬除上述普通科程外，在城市應特別注重授以科學的技藝，在鄉村者應特別注重授以農植漁牧防災等等的常識，而後農工婦女各能就其所長圖謀發展國家的生產，生產力增加，則生產機關亦必增多，庶幾女子職業的前途，能與男子發達到同等的程度。

（三）廣設婦女補習學校——這種學校，是供給平常未曾受過優良教育的中年婦女來補習，以學得種種職業上的淺識和薄技，我國未受教育的婦女，比男子多得幾倍，苟能廣遍地設立，使她們就近補習，定能得到生產上無窮的裨益。訓練的方法，必須理論與實習同樣地並重，使她們能收事半功倍之效，內部的組織，擬變為一種小範圍的社會組織，使學者處處可以藉此實地觀察，實地練習。時間的支配，不能過長，不能固定，因為這大部分的婦女各有規定的工作的，可運用「道爾頓制」的方法，依從學者程度的高低，根據訓練材料的難易，伸縮變通地教授，而予以各種職業的訓練和實習，如是於職業上的幫助和發展，當非同小可呵。

　　（四）創設婦女職業指導所——目下社會的各機關上，雖已開禁了婦女職業的門戶，使每個婦女都有就業的機會，然而女子初次投身社會，對於社會上一切情形，俱難瞭然稔悉，所以能於各城市鄉村設立女子職業指導機關，為她們介紹，給她們以從事的指導，如是婦女對於社會上的一切經驗常識，必較熟稔，而於職業上，與易於發展而無生疏顛倒之患阿！

　　（五）設立女子習藝所——此種習藝所，在各大城鎮，均可設立。招收女子學習，不分老幼貧富，一概收留，教以應用的技藝，如能附設小規模的工廠尤善，俾可隨時實習，其學習時期，無須限定。凡有一技之足以應用的，使令其在附設的工廠中作工，一方面可以造就人才，一方面可由此振興實業。

　　如果，我們二萬萬的女同胞，都各有相當的職業，經濟都能自立，那末，男子所恃獨有的經濟權的原故而對於婦女種種壓迫的暴行，自可消滅。而女子自可從男子的鐵腕下一躍和男子站在一條平等地位線上，獲得社會上一切的義務和權利！不然，任你怎樣地高喊「革命」，高喊「解放」、「自由」、「平等」，在婦女們沒有獲得經濟自立權之前，所謂「解放」、「自由」、「平等」，實在永恆地不會惠臨到婦女們的頭上的！

　　詳細地說：女子獲得了經濟的獨立權後，最大的有下列幾種利益：

　　（一）提高婦女的地位——婦女的地位所以卑賤，不用說是為了沒有生產能力不能獨立生存的原故；一個女子的衣食問題，要去挨求男子來負擔供給，如何能不

使對方的人氣昂神凜地對女子加以輕視和壓迫呢！設若你有了自立的能力，便有自立的經濟權，無須仰賴於男子，女子的地位，當然可和男子一樣地提高，同時，男子也無所依藉來壓迫你了！

（二）增加家庭的幸福——我國普遍家庭間常發生一種極不好的現象，這種現象，便是夫妻間的口角，推考其口角的原因，大半不外乎是為了家庭間經濟的用度，這一點，在男的呢，以為自己辛辛苦苦所得的經濟，已不少花費了，在家庭當中，時時感得家庭用度的浩繁，在做女子的呢，以為養家乃是男子的本分，一切所需，唯男子是問。一方面已發生用度浩繁的納悶，一方面還感覺得男子的供給不週，雙方既發生疑怨，當然繼之以口角在所不免的了，這一點，當然全由於女子不能生產所致。假定女子都有生產的能力，使家庭的經濟富裕，一切家庭間的開支由雙方負擔，這樣自可手頭經濟寬鬆，而生出家庭間無窮的幸福了。

（三）促進社會改造——社會的改造，乃是人類一致的要求，因為社會繼續不斷的改造，人類生活上的幸福，才能繼續不斷的增加，所以，人人對於社會都有應盡改革的本責。假使一個人改棄了職任，社會的改造，必將由此受到一部分的影響，我國四萬萬同胞中，有二萬萬的女同胞，假使吾們二萬萬的女同胞，對社會放棄了責任，那末社會上將要感到何等的損失！假使我們都有生存的技能，個個都能替社會上盡一部分的責任，那末，促進社會改良的成績，當不可以道理計呵！

（四）增進子女幸福——子女，是國家的主人翁，

民族的命脈，在一個子女出生之後，應該怎樣去營養，
怎樣去教育，全是父母的責任，假使營養不當，教育不
健，當難造就出優良健全的人材，這非特是父母的失
責，簡直是民族的不幸，國家的損失。但是講到營養和
教育，都以經濟為衡量，在我們中國這種家庭經濟狀況
之下，生計的維持，已難乎其難了；有些人家，不但不
能顧到子女的營養和教育，並且在他們年齡未成熟的時
期，還要強制她們去做戕害身心的工作，這又何從說起
營養和教育呢！但這都是由於女子沒有生產能力，造成
家庭這樣經濟困苦的原故。假使女子都有生產的能力，
那末，家庭經濟寬裕，而子女所得到幸福，試非筆墨所
能道述呵！

一九三四，二、二日

草於「革新文藝社婦女教育研究室」

（《女子月刊》，第 2 卷第 3 期，1934 年）

兩種不同的理論　　　　　　　　　　君慧

　　某種有著社會的根據的理論，常會引起正相反對的主張，這正如光明面必帶著黑暗面一樣，是相隨不離的。比方說，有一種人提倡「賢妻良母主義」的時候，另有一種人必起而反對之，又某一種的人主張「婦女回到家庭去」的時候，另一批人則反而更主張「婦女深入社會中去」。這種事例是多得很！這樣，兩方面各樹一幟，互相辯駁。由旁觀者看來，似乎兩方面都有點道理在，可是，真理終究是一個的，結果黑暗面終必暴露，正確的理論終於是支配人們的行為。

圖片來源：《現代父母》，
第 1 卷第 9 期，1934 年。

　　說起「賢妻良母」和「婦女回到家庭去」的問題來，我們就很直覺的聯想到德國婦女，自從希特勒執政以來，德國婦女在希特勒一黨的說教與鞭韃之下，不得不由社會各機關實行總退卻，回到家庭去，做「賢妻良母」，做「生育機器」了。希特勒一黨對於婦女的說教，自然也有他們的道理。最近希特勒在國社運動中之婦女大會演說：「婦女的天職在教養子女」（參看 9 月 11 日《申報》），不久，德國溫格爾博士也來發表對於現代德國婦女的談話，他說：「德國婦女生活的內容

是要在家庭裡去求的，這樣才得著她們的良好名譽，做個家務管理人或賢妻良母，我們深信德國這種計劃終究是要實現的，良母，這是德國最高的理想……男子是國家建設的基礎，所以，女人根本要做家庭伺應者或管理人……」（《國民新聞社》德國通訊）。

照他們的主張看來，婦女的天職在於做賢妻良母，生育子女，服侍翁姑，管理家務，這就是他們最高理想的婦女，也就是希特勒一黨的對於婦女問題的基本理論，所謂男女在政治上、經濟上、社會上一律平等的主張，在他們看來當然是反動之極了。

可是，事情來的也很湊巧。在他們對德國婦女的主張傳播於世界不及一星期之久，就來了一個與他完全相反的主張。哈瓦斯社 9 月 22 日日內瓦電訊告訴我們如下的一段消息：

> 蘇聯外交委員長李維諾夫頃在國聯大會提出擁護婦女權利之建議，此為蘇聯加盟後之第一次建議，李維諾夫於 9 月 21 日致函國聯大會主席，要求大會第一委員會（即組織及法理委員會）討論南美洲各共和國，在烏拉圭京城汎美大會中所簽訂之婦女國籍平等公約。李維諾夫函中詳陳全世界各國對婦女各項權利之限制，如謀生之權利、教育之權利、服務公職及操業之權利等所有對於婦女之限制均應設法取消云。大會主席團接得此項提案後，決定編入 1935 年國聯大會之議事日程。

倘使這一消息傳到了德國去，那真會氣煞了希特勒

及溫格爾博士。李維諾夫在這一方面也不失希特勒一黨的硬對頭。你說，婦女應在家庭裡做奴隸，當生育機器，我硬說，要擁護婦女的權利，更要設法取消全世界各國對婦女的各項權利之限制。更令人注目的是國聯大會主席團接受此項提案，決定編入1935 年大會之議事日程。德國雖退出國聯，希特勒一黨儘可以自由蠻幹，但是光明正義的世界的輿論，畢竟會引起德國大多數被壓迫婦女們的同情。

拋開了政治問題不談，單就婦女問題而論，蘇聯的婦女──不管其政治制度如何，確實得到了完全的解放。在蘇聯所謂婦女解放運動早已無須乎存在了。

蘇聯加入國聯後第一次的建議，便要擁護全世界被壓迫婦女的權利，決不是偶然的。這建議從忙於處理軍縮軍擴問題的帝國主義的外交家看來，或者認為是毫無意義的一個提案，但是問題在於為佔全人類半數的被壓迫婦女謀福利，在這裡我們可以看到李維諾夫提案的偉大性與革命性。

我們在上面看到了德蘇政治領袖們關於婦女問題的極相反對的主張。這也正是婦女解放運動的光明面和黑暗面。現代婦女解放運動的思潮亦和其他政治思潮同樣，分成兩種主流，一源於德國，一源於蘇聯。這兩種思潮早已沖流到我們中國來，於是乎，在中國婦女運動界也發現兩種不同的理論在對立鬥爭著。不過，我們深信最後的勝利終歸於真理的所有者！

（《申報》副刊「婦女園地」，第 33 期，
1934 年 9 月 30 日）

母性與職業

碧雲

　　因為婦女職業問題近年來又舊事重提地爭論得非常激烈，所以有一部分人就根本認為母性與職業是不相容的。在他們看來，有好些結過婚的女子，是很難繼續她的職業的。不是她們自己為環境所迫，不得不辭職，便是由於對方怕她在婚後懷孕時，不能勝任其職務而被辭退。所以結婚與職業，尤其是母性與職業，在他們的腦子裡便形成了絕對不可調和的矛盾公式。的確，有些婦女，為了小兒的前途和幸福，而犧牲自己的職業；另一些婦女，則亦有為自己的職業，而犧牲小兒的。如果婦女一面就職，一面又養育子女，把還兩重責任加在她們的肩上，則不但對於婦女自己有莫大的損害，而且還給兒女以莫大的壞影響。因為如此，所以有許多人就反而及索性極力主張婦女復歸於家庭，以管家育兒為其唯一職務。但是，這種辦法，據我們看來，完全是一種因噎廢食的辦法。

　　如果說婦女不能兼顧職業和育兒兩方面的事，於是就應當以育兒的事業專門責諸婦女，這是很不公平的。因為我們必須知道，這種責任，並不是一定要放在婦女身上的，而且也不是她們特別喜歡幹這件事，而是男子握了經濟上，政治上，乃至社會上一切實權以後的結果。更直截了當的說，是男子強迫她們去幹的。家務與育兒，對於婦女自身，不能算做婦女一種專門的工作，不應該認它是婦女的天職，是婦女畢生唯一的事業；難道除此以外，便再沒有婦女可做的事了。就是從男女分工的意義上說，亦決不能說婦女只可以管家和育兒，不

能作其他的社會事業；我想，無論何人都不能這樣武斷，除非他是男性中心主義者，或是別有用心的人。

我們也不否認婦女職業對於兒童絲毫沒有害處，但這種害處，只能歸罪於社會設備之不完善，而不能歸罪於婦女職業。因為婦女也是一個人，不是一個專門適宜於育兒的人。婦女就只說因為要育兒之故，而永久埋沒於家庭之中，永久的受男子的支配嗎？正確的說來，婦女要脫離這種無理的非人的生活，職業當然是條唯一的道路了。何況婦女之必須出面謀經濟獨立的要求，已成為一種必然的不可遏止的趨勢，適應她的要求而謀根本的解放，決不應反以事務和育兒的任務束縛在她們身上，使她們永遠不能得到徹底的解放！

現在一般主張婦女復歸於家庭的人，還有一個根本的錯誤見解，就是將家庭完全當做兒童的領域，也把兒童當做狹隘家庭的人。這樣，所以他們看見婦女一到社會上從事職業，對於家裡嬰兒不能同時顧全周到，便大發牢騷，說母親應回到家庭中去，好像是說家庭本是為兒童而設的，兒童只能留在家中，母親也本是為兒童而生存的，母親同樣也只能留在家中一樣。然而，在事實上，家庭這個東西，乃是現代經濟組織狀況下，一個小的經濟單位，一個小的集團，它自身就含著隨歷史的演進而消滅的必然性，它不能永久作為兒童的託兒所，兒童也不能永遠留那裡，歷史也並不需要婦女永久留在家中去照管兒童。何況現時整個經濟恐慌，農村破產，已使婦女不能專門留在家裡管理家事和育兒，非出來找飯吃不可。

　　專把婦女留在家中育兒，在婦女本身上說，即會阻礙婦女心身的發達。因為埋沒在不是為兒女的啼哭所苦，即是為柴米油鹽所煩擾的境況之下的婦女，她們不但永遠不能擺脫男子奴隸的頭銜，而且還是兒童的奴隸！縱使她是一個很有天才的人，也使她不能有絲毫發展的餘地。在歷史上婦女之所以不及男子，並非是婦女生來才力不及男子，而是將她埋沒於家庭牢籠中的結果。雖然在現今的職業活動上看來，似乎婦女比男子能力要稍遜一籌，但也不能拿來反證婦女之不適於職業或能力不足，而應該歸罪於社會制度之長期抑壓，由於政治經濟教育等等造成了男女不平等的歷史作用之所致。如果是一個自由平等的社會，我相信，婦女的成功，雖不能說一切可超出男子以上，但至少也是可以具有同等的才能和智力的。

　　在人類的初期，由母親個人哺乳育兒，雖是維持種族最良的唯一的方法，但在今日科學昌明的時代，那哺乳子女也像植物動物的培養一樣，須得適用最新的知識，最完善的科學方法和設備，將兒女交給熟練的專門家最為適宜，最為幸福。我們試一考察現代由家庭的母親個別地教養兒童，其成績如何，使可以充分明白其利弊。從現社會的上中下三個社會層的母性來看，其教養兒童的方法和成效，都不如由專門家去養育兒童為妥善。上層社會的婦女，因為她們有錢可以雇奶媽，將嬰兒完全委託於毫無知識的奶媽撫養，任其亂七八糟地哺乳教管，結果好好的嬰兒，被她們活活弄死的不知凡幾，被她們的惡習染壞了的又不知凡幾。我曾看見有許

多小孩子，面貌、性情，都成了乳母化，往往有生來很美麗的嬰兒，一吃了醜惡難看的奶媽的奶，就變成奶媽那副模樣兒。如果奶媽還有惡疾，或者遺傳病，吃了她的奶的孩子，一定蒙著更不良的影響。再看中層社會的婦女，自己哺乳總佔大多數，她們一面要謀生，一面又要哺乳，忍苦耐勞的兩方面兼顧，則她的精神，自然是來不及。所以常常過於疲勞的結果，就是乳汁亦未見十分充足，使小孩長成身體不健全，更說不上給予良好的教育了。至於下層社會的婦女，不用說是更可憐了。她們自己過的就是一種非人的生活，那睡在她懷裡含著奶頭的嬰兒，就像一隻惡濁不堪的小豬！她們自己因貧窮不能得著健康，自然生出來的兒童，也不是健全的種子。並且往往因為子女所累，不是陷於自殺的命運，便是殺了子女以減輕負擔，這是何等悲慘的事啊！

從上面的情形看來，現時的職業婦女，的確是處於雙重負擔的情況之下的。這無論是對於婦女自身，對於兒童方面，都有不好的影響。但是，要補救這種弊病，亦不能如那些主張婦女應該丟掉職業，回到家庭中去專負養兒子的責任可以有效的。恰恰相反，如果那樣，不但妨害婦女本身，並且妨害兒童，這種困難的解決，只有把兒童的養育任務，移到專門家手裡去，如此，婦女既可以專心向上，發展她們的天才，不致妨礙她們的職業活動，兒童也可蒙其利了。

我們從整個世界的趨勢來觀察，今後的社會單靠家庭中的個人力量來養育兒童是不可能的；無論如何，必須社會的協力。我們認為兒童養育的社會化，是現代社

會的一種必然趨勢。並且不僅是兒童養育的方法要社會化，就是養育費也是委由個人負擔轉移到社會負擔。關於育兒社會化的設施，除了託兒所外，尚須設有兒童幼稚園、兒童圖書館、兒童健康所（如牛乳及其他種種營養品的供給），兒童病院等等。待至這樣的社會產生以後，設置漸次完備，則不但可以促進一般兒童的幸福，即對於職業婦女，也可以使她們減輕負擔，而使她們安心職業。

　　另外，關於婦女的職業問題，尚有幾個值得注意的要點也得附帶說說：即使職業婦女能成為一個獨立的勞動者和男子享受同等的待遇，並且社會的一切設施，還應注意母性的尊重。比如社會對於婦女教育的設施，保護母性的身體等等，都是很重要的。

（《現代》，第 6 卷第 2 期，1935 年）

男女爭奪職業

沈湮

在真正的封建社會下，女子完全是家庭的奴隸，她的生計，是「幼從父，長從夫，夫死從子。」她的生死權，全操在這幾個人手裡，與社會沒有直接關系。可是外來資本主義的巨磚，打破了我們破敗的落後的門帘以來，農村破產了，大家庭制度崩潰了。一年年的內憂外患，已應了十室九空的諺語，所以雖然一方在提倡賢妻良母，勸「娜拉」回家，但十室九空之家，本為女子生從死依的父、夫、或子，類都被摒棄生產線外了。在這種情形下，女子為求活命計，不得不走向社會。

另一方廠家或商家，他們為的是謀利，於是廠家倒是樂用這些工資可以低廉，而又比男工耐勞柔順的女子——過去只配做家庭奴隸的女子。一般商家店主樂用女店員，如上述的條件以外，更利用女子的姿色做活招牌，以資吸收購買者。本來是各國已有先例，中國也正走上這條路線。這裡成為問題的，便是男女職業上的爭奪了。據本月 20 日中日報，載著一段廣州酒樓茶室招待，男女職業衝突的消息。大意是：「廣州市酒樓茶室工會，日前以市內酒樓茶室，間有僱用女侍，認為攙奪工作，影響會員生計，呈請政府禁止。致引起婦女協會注意，發生爭議。」據婦女協會彭女士稱：「婦女解放，係以謀得教育平等和經濟獨立為目的。經濟獨立，則以職業為前提，凡社會上男子能夠充操作的職業，女子都有充任的可能。歐美各國，對於婦女職業，絕無限制，本省女權運動，正在萌芽時期，婦女職業，亦漸漸膨脹，如機關之公務員，學校教師，醫院之醫生護士，

娛樂場之帶位員……均有婦女充任。在稍明世界潮流之
人，均應提倡婦女職業，以謀夫婦間之互助。該酒樓茶
室工會，對於僱用女侍，認為攙奪工作，似係不明女權
運動之趨勢。……同是人類，只問其有無擔任該項職務
之技能，不能因其性別而有所軒輊。查先總理主張男女
平等，扶植女權，黨綱經有明白規定。本會為各界婦女
領導機關，對於此事，認為妨礙婦女職業之發展，將於
日內據理力爭，以維女權。」而工整委方面說：「酒樓
茶室工人，失業者已達五、六千人之多，女招待則憑其
色以迎合顧客之心理，對於酒樓茶室工作，無專門技
能，又無業務之經驗，僅為營利者利用社會弱點，招徠
顧客。其結果只有蹂躪女性，形成社會不安寧，其實提
倡女子職業問題，其業務須加考慮，孰適宜於婦女操
作，孰能使女子墮落，此問題至為重要。故本會對此次
反對女招待目的，非壓抑女權發展，其直接實為保障本
業工友職業安全，間接即為提高婦女地位，純係具有道
德性。」所以他們呈請黨政五機關的呈文中更有很妙的
詞句。例如「當此提倡舊道德，挽救頹風之際。斷不容
狡黠商人，只圖個人利益，形成畸形發展狀態，惹起社
會糾紛也。」

　　讀了上面的幾段談話，以及呈文的斷片，大有公說
公有理，婆說婆有理，都是名正言順的，至於將來的勝
利究竟誰屬，現在尚不敢言，不過年來復古的空氣彌漫
廣東；工會方面，抓住當局提倡舊道德心理，也許再會
奉到一個禁令，可暫時得到勝利吧？不過不景氣的空氣
日甚一日，商家除息業關門以外，他們要掙扎，只有尋

取有利可圖的途徑。任你禁令重重，有時也會顧不得，
偷偷地試行。按廣東的禁止酒樓茶室雇女招待，早已有
過明令，而現在又重覆錄用女招待已是明證。表面上看
去，最後的勝利，似乎終會屬於婦協會。可是這裡不得
不為女權運動者進一言的，便是這種爭議，當作反復古
運動是可以的，至於婦運的終極，決不是向男子爭奪職
業，而是應在整個社會的經濟問題上去著想，求得真正
的男女平等。

（《申報》副刊「婦女園地」，第 62 期，
1935 年 4 月 28 日）

學 校 教 授　　　　　　　Teacher

女 店 員　　　Clerk　　　醫 院 女 看 護 Nurse

圖片來源：《中國大觀圖畫年鑑》，1930 年。

娜拉三態

碧遙

一、易卜生的娜拉

1878 年冬日，到了羅馬旅次的易卜生，關於將起稿的《娜拉》，自己寫了一段備要：「精神的糾葛，對於威權的信仰既被壓制和攪亂，她便失了自己在道德上的權利的自信，甚至懷疑自己養育兒女的能力。在近代的社會，一個母親，就像某種昆蟲，既已終了牠的傳種的義務，就死卻在隨便哪個地方。她的心地，為了對生活的愛，對家庭的愛，對丈夫、子女、家族的愛，而一波一波地搖動。忽然某種舊日的憂愁和恐怖回頭轉來，而她，僅僅只有一個人獨自去忍受。於是，必然來一個破局。絕望、糾葛、毀壞。」

第二年夏天，他便依了這個大綱，完成了《娜拉》。他以他的憤世嫉俗，反抗特權，保持獨立的人格的主張，形成了娜拉的姿態。在前半部劇情中，娜拉只是平常的妻子，愛他的丈夫郝爾茂滔佛，愛她的小孩，愛她的家庭。同時她也受到丈夫的撫愛，丈夫對她如對小雀兒、小松鼠一樣地撫愛。到劇的後半部，娜拉的丈夫也還是平常人家的丈夫：自私自利，只知道自己的名譽、地位和人格，而作女人是不必有這些東西的。以前他重病的時光，娜拉為他借了一筆大債，在借據上曾經詐偽地簽了她已去世三日的父親的姓名。她擔著這重荷，六、七年間私自積蓄還債。一旦因為她的丈夫不肯容納她的請求（他不容納的理由是怕人家說他聽老婆的話），毅然絕然辭退了那債主的職務，於是這樁一向隱藏著的事便不得不被揭穿。在娜拉以為她為丈夫忍受了這麼久的

痛苦，這一片忠肝義膽，她丈夫總祇有十二分地感激和
稱讚，豈料事情全然相反！等到她丈夫知道了這非法的
簽名事件時，非但不肯擔任絲毫干係，而且還深深地責
備娜拉輕舉妄動，累了他的名譽和前程。於是娜拉驚異
了，顫慄了，憤慨了，終至於覺悟了。現在且看他們倆
的對話：

郝爾茂：　你這混帳的女人，幹得好事！
　娜拉：　我不要你救我！我不要你把這椿罪名擔在你
　　　　　身上。
郝爾茂：　你斷送我的終身幸福，你斷送了我的前程，
　　　　　哼，想起來真可怕！……人家免不得疑心我
　　　　　和你同謀，或者竟會疑心是我出的主意。總
　　　　　之一切算是我蒙的你的好意，蒙你這樣照應
　　　　　我，總算我疼了你這幾年！你如今明白了你
　　　　　替我幹的好事？
　娜拉：　（鎮定冷淡地答道）我明白了！

　　這冷淡的回答，已經是娜拉的決心的表示。等到那
債主得到了新的慰安，灑脫地將借據退回時，郝爾茂以
為是好了，事情全過去了，又可以恢復從前的老樣。然
而覺悟了丈夫對自己是虛偽的、自私的、玩弄的愛情時
的娜拉，她可不能照辦。她立刻要離開家，離開她的丈
夫和孩子；她說以前她是她爸爸的「頑意兒的孩子」，
後來又是她丈夫的「頑意兒的妻子」，弄得「一無所
能」，所以現必得要走出家門，去學些教育自己的知

識。她以為教育自己比相夫教子的責任更來得神聖而重
大。郝爾茂自然不願意他的小雀兒飛了去，接著來了一
些為自己的辯白：

郝爾茂：但是世上沒有男子肯為了他所愛的女子犧牲
　　　　自己的名譽的。

　娜拉：世界上整千整萬的女子都為了男子犧牲了
　　　　名譽！

　　娜拉的自尊心，在這兒只有創傷更深，她不得不交
還郝爾茂的婚約戒指，乾脆走了。

郝爾茂：你如果到了窘迫的時候，可以讓我幫助你
　　　　一點。

　娜拉：不要！我不能受生人的幫助。

郝爾茂：難道我於你只不過是一個生人嗎？

　娜拉：（提了包裹）滔佛！那要等「奇蹟中的奇蹟」
　　　　發生。

郝爾茂：你告訴我！甚麼叫做「奇蹟中的奇蹟」？

　娜拉：你要和我都改變到——滔佛！如今不信世上
　　　　真有「奇蹟」了。

郝爾茂：你不信我卻要信。你告訴我！我們應該改變
　　　　到怎樣？

　娜拉：須要改變到那步田地，要使我們同居的生活
　　　　可以算得上真正夫妻。再會了！

反抗因襲的虛偽的夫婦生活，反抗歪曲的宗教信條，反抗不近人情的法律限制，反抗不平等的男女觀念，娜拉就這麼離家了。至於她離家以後怎樣，易卜生沒有對人說明，所以至今還是費人思索。不過玩慣了小雀兒的郝爾茂，卻仍在那兒滿懷希望，希望有一天奇蹟來臨。他可以和娜拉再溫那香甜的舊夢。他或者正在誠心地或勉強地研究著對妻子的人格的尊敬，危難的解救，衷心的理解，過失的寬恕，以及更聰明的玩弄等等的手段；因為他若得到這些，那麼易卜生的娜拉，或者會給他一個「奇蹟中的奇蹟」。

二、大家理想中的娜拉

娜拉，轟動全世界的叛逆的女性娜拉，她已成了億萬反叛的、進取的人們腦海中的聖像，她已經過了億萬反叛的、進取的人們的精神的灌輸，她豈得仍是易卜生手創的那個雛形？易卜生的娜拉，遠在如今 40 餘年之前，她在那時的所謂前進，還只是個人主義的思想。所爭的還只是她個人的解放，個人的人格獨立，個人的意志自由。然而在今日，個人主義久已發霉生銹，娜拉若還是墨守這些，進步的新人物將把她塞入垃圾堆裡。

佔據了人心深處的娜拉，她不是一個固定的形態，而是一團理想，隨時隨地，她都是立在時代的最前線，當著向舊勢力挑戰的急先鋒。在 40 餘年前，她反抗女人被丈夫玩弄，被宗教法律漠視，而想脫出那個玩弄她的人，和那個在宗教法律上僅僅給與了她一個從屬地位的家。她想一個人去自由自在地生活，自由自在地思

考，自由自在地學習，自由自在地培養人格的尊嚴。不
再做父親的玩偶，丈夫的玩偶，兒子的傭婦。然而在今
日，娜拉必不是僅僅喊出「我要教育我自己！」「我
要盡對於我自己的責任！」「我不知道宗教是甚麼東
西，我不相信不管女人的利害的法律，我要看看究竟是
我錯了，還是世界錯了？」她將直直爽爽地說：「世界
全錯了，宗教和法律，都是保護特殊的利益的東西！男
女兩性，都該絕對地平等，都該絕對地做獨立自尊的
『人』！」她不但反抗丈夫對妻子的不平等，而將反抗
世間一切不平等的現象。她不但要謀個人解放，而將要
謀社會人類的解放。大家理想中的娜拉，必定是這麼一
個女性。

　　在幫助社會謀解放的途上，當然是有說不盡的荊
棘。最顯著的有生活的壓迫，男權的壓迫，甚至像中國
一樣處的是次殖民地的地位，更有帝國主義的壓迫；然
而娜拉決不會畏慎，決不會中途半端退了回來。

三、現今回來了的娜拉

　　可是現在娜拉畢竟退了回來。自從希特勒喊出了
「女子應回到家庭去！」的口號以來，各國的婦女，
都有由職業陣線退回家庭的趨勢。德國和意大利，都已
限制了已婚婦女入社會服務，英國限制已婚婦女充公務
員，美國限制已婚婦女作學校教師，各個地方，對於縮
小婦女的能力的方法，一方嚴酷地擠倒婦女的職業，另
一方又奸惡地獎勵生育和提倡賢妻良母主義，務使他們
不得不就範，不得不接受家庭是婦女的天職的說教。

各地方失卻了獨立生活能力的職業婦女，大抵是無可奈何地重新做了家庭的奴隸，丈夫的奴隸；於是一般人爭著說：「娜拉回來了！娜拉回到她的丈夫懷裡來了，奇蹟中的奇蹟出現了！」事實沒有相差分毫，許多跑出了家的娜拉，現今是在服侍她們的丈夫和她們的孩兒，可是這是哪一種娜拉呢？

至於現今綿羊似的重回到了家庭的職業婦人，祇可以比之於易卜生的娜拉，還有幾分相似。這兒所持的理由，約有以下的數端：

一、易卜生的娜拉，雖然有脫出丈夫的玩弄和壓制的慾望，但沒有澈底解放，澈底謀社會解放的意識；她以為她的不幸的遭遇，是個人的問題，而不是社會的問題，她將孤零零地沒有侶伴，但看得見自己的孤弱而看不見前途的曙光，意志便不能十分堅強，隨時都有消沉的可能。

二、易卜生的娜拉，多少帶有女權主義的色彩，要男子給她尊敬，給她崇拜；男子已經得到了的許多特權，她都可以享受。這在現今的社會，許多處在郝爾茂的地位的男子，表面都知道恭維女人；甚至可以將他得到太大的特權，分給女人一份。那麼易卜生的娜拉，不難將這些認作「奇蹟」，而和她的丈夫破鏡重圓。

三、易卜生的娜拉，看她的朋友林敦夫人，一個人自食其力也並不怎樣困難，所以才有出家的膽量。若像今日一樣，出家後又要遇到失業的霉頭，她必然沒有過貧苦不堪的生活的決心，那她除了自殺以外，只有蹣跚地回到家裡。

今日從職業回到家庭的婦女，大致總有上述的一端是她們的理由。以氣昂昂衝出了家門的娜拉，遭了打擊，又復低聲下氣接受丈夫的擁抱；事固十分可笑，然實是毫不為奇。在 40 餘年前女人大抵小貓似的躺在屋角裡的當兒，她那一聲放棄家庭的天職的呼嘯，誠然足以驚天動地。但這種個人理想主義，在今日前驅的婦女運動者看來，實等於跟在他人影子背後的落伍的小腳姑娘；除了可笑可嘆而外，再沒有什麼動人的價值。

因生活的壓迫而不得不暫時回到老家的娜拉，只要她的心地還留著有向光明的空隙，我們原不必給她十分非議。可是現在她們之中的部分，於俯首貼耳柔順地回家之後，卻竟忘其所本，隨著反動潮流，高唱其新賢妻良母主義，那就真使人憤慨！她自己已是終身陷於屋角黑暗生活之不足，又要將陽光下的他人拉著下去；她的罪孽，不但是婦女中的蟊賊，也是社會解放中的害蟲。對於這種人我們是不得不群起鳴鼓而攻，她所代人提倡的奴隸婦女的說教，我們必須認定牠是墳墓堆裡的鬼話。這種回家了的娜拉，她的生存的意義，等於入黃土之鄉。

由於個人受了屈辱，激於一時的氣憤，而奔出了家的娜拉；進步為透視了社會的種種不平，深思熟慮之後，而加入社會解放的娜拉；再變為屈服於社會的各種權威，而回到最先所拋棄了的那個老家的娜拉：這退步也就著實可觀！然而娜拉是社會的產物，她的步驟就是社會的步驟的一班；整個社會倒退到了數十年前的狀態，豈但是可觀而也是痛心不過的。

（《婦女生活》，第 1 卷第 1 期，1935 年 7 月 1 日）

婦女的分工

章錫琛

「回到家庭去！」的呼聲，近來好像又有點高起來了。不錯，婦女是一向被閉鎖在家庭裡面的，直到現在，雖然在婦女運動極發達的國家，還有大多數仍然被閉鎖著。但是社會的進化，和水的趨下一般，完全是自然而然，不是人力可以阻遏的。雖然有許多頑固的人，天天在竭力高築堤防，想「挽狂瀾於既倒」，也許暫時之間他可以取得勝利，但無論堤防怎樣堅厚，終有一天會被沖倒的。

從生物學上看起來，動物的機構，都是向分工方面進化著。最原始的動物阿米巴，感覺、運動、消化、生殖，差不多只有一個機關。倘使有機體的階級越高，機構便越加複雜；分工也越加精密。一直到了最高級的人類，甚至比較別的哺乳動物，把上下肢的功用，完全分得十分清楚。人類的所以和別種動物不同，這個分工，便是非常重要的原因。

和這一樣，也是向分工的精密方面進展著。在原始的社會，人類是無分男女，都做著同樣的工作的。後來逐漸進化，纔有兩性間的分工，男子任戰爭、游獵和製造武器之類的工作，婦女卻任造屋、縫衣、取火、調理食物、照顧小孩等事務。這時候，所有的男子都做著同樣的工作，和所有的婦女都做著同樣的工作一樣。在游獵民族的社會裡面，都是如此。社會逐漸進化，便從男子裡面區分出不同的職業出來。社會越進化，分工也便越細。到了現在，分工在經濟學上的重要，差不多為人人所公認。但是大多數的人，雖然承認了男子的應該分

工，而對於婦女，卻仍然抱著古老的意見，以為她們只許專門去任游獵時代以來的一樣的工作——就是家庭的工作。雖然在事實上，已經有不少的婦女做著和男子一樣各種不同的職業，但在他們看來，這是社會的變態，這樣下去，是會使得民族衰頹或死亡的。因為婦女最重大的任務，是「做母親」，除了家庭的職業以外其他一切的職業，都和「做母親」的任務有妨礙。近來「回到家庭去！」的呼聲，便是從這一點出發的。

不錯，種族的存續，是完全系於「母職」。說婦女已經替人類社會盡了養育兒童的最重大的任務，不必再做別的職業，也可以算是尊重婦女。但是，所有的婦女，是不是全都適宜於養育兒童？如果不是全都適宜的。這養育兒童的事務，需要全體婦女總動員去做，還是只要選擇出最適宜的一部分去做就夠？這都是應該研究的問題。那些主張「母職」的重要的人，好像多以為婦女都是一生下來，就適於做母親，而且兒童除了自己的母親以外，別的人就不配負養育的責任。就事實上去仔細觀察，果然是這樣的麼？

還有一部分的人，認為婦女天生成是有一種缺陷的，他們可以舉出許許多多生理上、心理上的缺陷，於是下一個結論，說「婦女究竟是婦女！」不配去做男子的工作的。對於這些「婦女弱者論」所舉是事實，當然有許多是不容否認的。但是，這些事實究竟從怎樣發生？是否將永遠如此沒有改善的可能？這些他們是不暇顧及了。

社會的車輪是永遠向進化的途程進行著的。這車輪

的進行固然可以因一部分人的推動而加速，也可以因一部分人的牽制而滯緩，卻是決沒有人可以使他停止或退後的，分工是社會進化的最大原則，在男子如此，在女子也是如此。違反這原則的一切努力，在社會進化史上看起來，總歸是徒然的！

（《婦女生活》，第 1 卷第 1 期，1935 年 7 月 1 日）

關於主婦會

蔭萱

　　這畢竟是衛道士們的成績吧！他們竟然能夠使領導全國婦女運動中心的上海裡一部分受過教育的婦女，重新回到家庭去做賢妻良母。她們拚命拉攏已嫁婦女組織主婦會，討論甚麼家政管理、家庭佈置、家庭衛生，以及兒童教育等問題。該會每月集會一次，現已開過三次會議。這種反時代的運動發生在今日社會裡，當然不值得大驚小怪，就是落伍婦女變節背叛也無足為奇。在這裡我們只想對全國前進的婦女說幾句話。

　　第一、主婦或賢妻良母不是婦女的職業。賢妻良母的主張，乃是封建時代的思想。現在封建的遺老遺少們，眼看著自己的地位日漸動搖，所以想藉這種思想來麻醉婦女，以維持其固有的地位。主婦會的組織便是基於這種意圖而發生的。主婦會的工作既在討論家政管理、家庭佈置、家庭衛生，以及兒童教育等，這很顯明地說：女子應該再回到家庭去要以主婦為職業，做男子的附庸。但我們要問：難道只有做主婦或賢妻良母才是女子的職業嗎？女子只有靠男子才能生存嗎？這樣就算是盡了人生的使命嗎？當然不是的。事實畢竟勝於雄辯啊！除了自甘落伍者外，別人是不會被騙的。

　　第二，做丈夫的奴隸和家庭的僕役，不是女子的責任。在封建的社會裡，女子不過是男性的玩物，沒有獨立的人格，所以只能做丈夫的奴隸，家庭的僕役。但自從資本主義發達以後，壓伏在封建桎梏下的婦女覺醒了，她們起來要求平等與自由。雖然在現社會裡，女子還不能取得真正的平等，但較之從前總算是進步得多

了。我們正應該努力促其實現才是。可是現在一般有閒階級的小姐太太們，卻組織主婦會，大宣傳其賢妻良母的思想，想將女子從社會中重新拉回家庭，這不是開倒車的行為嗎？

第三，女子的責任是甚麼？在封建社會裡，女子是奴隸、玩物；在資本主義社會裡，女子是商品、花瓶。但這都不是女子的責任，女子真正責任是和男子同樣的參加社會生產，負起推進社會的責任。

客觀的宇宙總是不斷的向前發展，人類的意識決不能規定客觀的存在。中國的婦女運動正隨著中國客觀形勢的發展而不斷的向前邁進。雖然現在一般衛道人士想把婦女重新拉回家庭去，但其結果恐怕也不過是心勞力拙吧！

5，28，於南京

（《女子月刊》，第 3 卷第 7 期，1935 年 7 月 1 日）

「薇薇」與「娜拉」　碧遙

娜拉要求的教育

在今年的「娜拉年」裡一再地談娜拉，自己都有些過意不去，可是這兒請來一位和她有密切的關係的客人，不得不拉她作陪，因是便顧不了趨時的嫌疑。這一位客人是誰？是蕭伯納所作《華倫夫人之職業》中的薇薇。

當娜拉受了丈夫郝爾茂儘量地玩弄，儘量地蔑視，儘量地誘過，儘量地迫害，而憤然脫去那傀儡的衣飾，脫出奴隸她的家門時，她迫切地叫道：「我要教育我自己！」

看慣了溫柔和順的小雀兒、小松鼠兒的郝爾茂，他怎麼也摸不著頭腦，為甚麼娜拉要離開他而去另外求教育，於是娜拉對他說道：「我跟著爸爸的時候，他怎麼說，我也怎麼說；他怎麼想，我也怎麼想。有時我的意思和他的不同，我也不讓他曉得；為甚麼呢？因為他不願意我有和他不同的意見。」

「後來我在你的家裡，你樣樣事都安排得如你自己的意。你愛甚麼，我也愛甚麼，或是我故意愛甚麼——我究竟不明白還是真同你一樣嗜好，還是故意如此——也許都有一點；有時是真的，有時是故意的，我如今回想起來，簡直像一個要飯的叫化子，討到手裡，吃到肚裡。我靠著玩把戲給你開心過日子。」

娜拉知道了自己在家裡是玩物，是木偶，而不是「人」，沒有「人格」；於是衝出家庭的門檻，想獨自去思索，去教育自己成為獨立的自由「人」。然而她

怎樣去教育，採取甚麼方法？她是一點也沒有告訴人們。人們誰也可以懷疑：「她所要求的教育到底成功了沒有呢？」

看她在離家之前，全然是一個家庭的附庸，沒有準備鑽入社會的技術、才能，以及謀職業的路線；她所準備的去處，第一是友人林敦夫人那兒，其次是回到母家。這就明白地表示了她不能營「獨立」的生活。她雖改變了依賴丈夫而將去依賴他人，改變了討丈夫的歡心而將去討他人的歡心；她始終要玩把戲給人開心，然後才能手裡討到飯，肚裡吃到飯。她還是那個娜拉，不多不少，還是那個「玩物」。她所要求的做人的教育，始終飄在天空，和她沒有一點兒姻緣。

娜拉的另一個影子

易卜生的娜拉，是在 1879 年夏天脫稿的，她的上演於英國獨立戲院，卻在 1889 年。這事給與蕭伯納的印象非常深，他因是極力研究易卜生的著作，1891 年他出了一冊「易卜生主義精華」。到 1893 年，他編成了《華倫夫人之職業》。內容共分四幕，描寫一個代表舊日以性的誘力，換取男子的金錢以為生的華倫夫人和一個代表新型，以自己的能力，換取社會的酬報以為生的她的女兒薇薇；這新舊兩女性之間，因生活的不同，人生觀的不同，終至不能調和，而母女分離，各自東西。

這劇無疑的是蕭伯納繼承了易卜生的個人解放的精神，替娜拉寫成的「續篇」。所以娜拉的前半生的影

子是華倫夫人，而華倫夫人的女兒薇薇，則是娜拉的
後身。

　　高貴的將要升為銀行行長夫人的娜拉，和一個出身
微賤，出賣皮肉的華倫夫人相提並論，未免不論不類；
然而實際是毫無二致。依著性器官以求一個男人的供
給，與求多數男人的供給，其事同為賣淫。所以，說句
傷心話，舊日的女性，通通是在那兒賣淫！在這狀態之
下，她們對於自己醜惡的行為，認為這是當然，認為這
是宿命，試看華倫夫人對她女兒的談話：

　　華倫夫人：「一個女人要想舒舒服服地過日子，只
有一個法子，就是：哪一個男人有錢能待她好，她就待
哪一個男人好，如果她同那男人的身份一樣，就想法
子使他娶她；如果她自己的地位遠不及他，那我不必
想——她何必想呢？」

　　「如果她自己的地位遠不及他，那就不必想，一聰
明乖巧的華倫夫人她就真沒有想和有錢的男人結婚，她
只將那有錢的克勞夫公爵，推薦給她有地位的體面的女
兒薇薇，她認清自己「帶些粗俗氣」，不能「宛然是個
貴婦人」，所以只和古勞夫以及和他同類的人結那臨時
要好的關係。

　　一般華貴的聰秀的姑娘，使有錢的人娶了她，得過
那小雀兒、小松鼠兒的少奶奶生活，她固然無疑地是前
半生的娜拉的影子；可是那飄零、鄙賤的娼妓華倫夫
人，也還是被玩弄的娜拉的影子的另一面。

薇薇把住了武器

　　被直感的熱潮而奔出了家的娜拉，無論她是投到友家，投到娘家投到……她的做獨立自尊的人的願望，我們可以斷定她終究是「夢」。她雖然熱烈地要求自己教育，然而這教育不能求之於良師益友，不能求之於往哲先賢，不能求之於宏文巨著；所有這些，都是諄諄地訓誨她善盡婦女的天職；溫柔恭順，教子相夫。即使不盡是這些，而稍稍有一點開明的自由的啟示，怎奈她的生活是靦然依人，有志難伸。所以她如要達到獨立做人的目的，先需有獨立的生活，獨立的經濟。

　　職業是獲得經濟獨立的武器，有了這武器你可以昂頭挺胸而行。可以防範你的身體，防範你的意志，防範你的人格，防範你的性器官不至受人姦淫。這唯一的必需的武器，可憐的娜拉未見她帶著，而把握住了的卻是薇薇。

　　薇薇撇棄了她母親的很可觀的產業，拋棄了克勞夫公爵夫人的地位和公爵的萬貫家財；因為她看清了這些將是購買她的肉身和靈魂的契符，她便看得牠如同糞土。她寧可在律師事務所當個職員，每天工作上十小時，得點勉強可以維持生活的報酬，她便可以自由自在，不墮落在她的母親和母親周圍的那一團黑漆裡面。她給她的母親以至那包圍她的無賴公爵以攻擊的槍彈，而他們仍對她覺得凜然不可侵犯；正因為她把握了職業的武器，毋需從他們那兒佔一點恩惠。

薇薇的態度

薇薇的獲得職業，有她的非謀職並不可的覺悟。有些像她一樣有機會可以得金錢的姑娘，當然不再去供職；即使偶爾機會湊巧，有優游閒適的位置，她半似遊戲的去任職幾時，可是一旦得到了如意郎君，便馬上溜之大吉。而薇薇則澈頭澈尾是求獨立生活。她預先養成明敏的頭腦，強健的體格，矯捷的動作、淡素的樸風。她臨時是不慌不亂，不畏繁，經濟時間，不閒談廢事。她處世是不浪漫，不動柔脆的情感。

不浪漫，不動柔脆的情感，是薇薇的獨到處。

她抓住職業為生活的第一件要事，她覺得「做工有用處，做工可以掙錢」；此外的戀愛、浪漫、享樂，不給放在心上。在她的身邊，除了克勞夫公爵之外，還有兩個向她糾纏的男性，看她是怎樣對付：

薇薇：「有兩樁事情我要丟開不談，如果你們不反對的話。一樁（向富芮思克──向他求愛的少年）是愛之稚夢，不論哪一種形式的。另一樁（向潑芮特──誘惑他向繁華的布魯塞爾和美麗的南歐去遊樂的青年）是人生的浪漫同美感，尤其是那拿布魯塞爾的繁華做榜樣的。在這樁事情上頭，你們如果還有甚麼迷想，儘不妨有，我卻沒有了。如果我們三個人想繼續下去做朋友，你們須得要把我當作一個做事情的女人看待。」

沒有把握住獨立的生活，談不到兩性平等的戀愛，薇薇所以不談「愛之幻夢」，因為她是剛踏進職業陣。至於丟了職業去浪漫、享樂。恰是華倫夫人的勾當，薇薇當然不屑談。這所表現，已經是少女薇薇的特長；但

她最所特長，還是她能克服柔脆的情感一層。她在決心和她的母親永遠分離之時，對潑芮特說道：「有兩件事你儘管放心，我不哭，我不暈。」

華倫夫人知道了薇薇有和她永訣的決心，她是哭出了的；但她知道薇薇會不喜歡，在聽到了薇薇的足聲，馬上便轉成笑容，對旁邊的人說道：「不要告訴她（薇薇）我哭的。」

易哭易愁，多情多恨，這是舊日依賴的、受屈的女性表現，獨立的人是得灑脫牠的。薇薇處處都表現著堅強的性格，不哭，不暈，斬釘截鐵地說話，勇往直進地做工。她怪她的母親不和境遇鬥爭：

薇薇：「人人都有選擇的機會的，母親！……他可以隨著自己的嗜好選擇；還是撿破布還是賣花。世上的人總責備境遇把他們造成那個樣子，我不信甚麼境遇。世上成功的人都是放開眼光自己去找自己需要的境遇的人，如果找不著現成的，他們就自己創造。」

我們需要的是娜拉還是薇薇？

易卜生在娜拉裡面那一聲「人」的呼喚，的確是對這昏沉的世界（不僅是婦女界）有撼山撼岳的力量。「人」，不僅是有五官百骸，而是要有獨立自由的靈魂的東西。低首下氣或嬌聲巧笑在男子的腳下討生活的婦女，固然不是「人」，低首下氣，含恥忍辱，在某等人或某等國民的腳下討生活的男男女女整群，也通通不是「人」。「人」！牠的尾聲飄在我們中國的寂寞的天空，給與我們多少沉痛！我們的人，人，男男女女的

人，人在哪裡！？

　　我們的人，腳底下踏著的地是一天天縮小，頭頂上頂著的天是一天天低下，大家一夥兒準備伏下去爬；男的爬在戶外，女的爬在灶下！這就是我們近頃「婦女回到家庭」，「新賢妻良母主義」的起因。

　　娜拉，在五十餘年前社會職業沒有給婦女洞開大門時代的娜拉，她給與我們的光芒，只有那高人一等的敏感和勇氣。她沒有抓到她受屈辱的問題的中心，沒有抓到問題的中心的經濟，她的個人獨立人格的要求，只有吶喊，沒有成功。娜拉的後身薇薇，時代已後了十餘年，社會已有了十餘年的劇烈的變化，婦女已經能認識甚麼是她們自強的武器，並知道鍛鍊身手使那武器運轉自如，這就是薇薇所以能得個人人格獨立的成功。

　　然而個人解放的成功，對於整個社會傳統的男女不平等的思想、習慣、制度、法律，可有甚麼轉移？一點也不能！個人經濟雖已獨立，在社會還是被男女不平的觀念所蔑視，而且今日的中國在國際舞台還是受帝國主義所蔑視；我們要完成我們的「人格」，必須達到社會解放、民族獨立的階段。

　　要達到這一階段的中心問題，當然又是經濟。這所要爭的經濟，不是一人兩人的生活要素，是所有被壓迫的婦女以及社會上赤手空拳的窮人的生活要素；這經濟大半是握在帝國主義者的手中，我們要每人盡自己的力培植這個社會，使她有廣大的力量去與握住我們生活要素的人，帝國主義者鬥爭。

　　我們要做「人」，要做完完全全獨立的「人」，我

們不僅是要獲得職業，解放個人，更需要致力於社會民族的解放，現今我們所需要的不是毫無成竹在胸的娜拉，也還不是獨善其身的薇薇；我們是要一種既能解決個人生活，又能幫助社會謀發展的婦人，比薇薇更進一代的——薇薇的後身。

（《婦女生活》，第 1 卷第 2 期，1935 年 8 月 1 日）

中國婦女當前應走的路　　陳梅魂

這是被指定的題目，我得首先聲明。像這樣海闊天空的問題，提起筆來，真覺得有點兒沉重，究竟從什麼地方說起呢？我自問是不能有多大貢獻的，只好簡單的說點我個人的意見。

擺在我們面前的，盡是些歧途，這不是婦女們的煩悶，在整個矛盾國度裡，沒什麼不複雜、不離奇的。從歧途上找出路，也許走上去，前面還是歧途，但選擇自己所要走的路，縱然懷疑前面還有歧途也得過去再說，比較走回頭路或是停下腳步不走，總還好一點。這種見解我是始終不會放棄的。

中國人普遍的犯著一種盲目的毛病，無論討論什麼問題，往往忘記了本身的需要，超然物外去高談闊論，把自己的環境擺在一邊，結果所得的只是些別人的渣滓，對於本身毫無用處。談到婦女問題也是一樣，別人說婦女要離家庭，我們也跟著大聲疾呼嚷著離家庭，別人說婦女要回家庭，我們也照樣的跟著嚷。可是離家庭也好，回家庭也好，都不是一個簡單的口號，而是一個含有嚴重的社會意義的問題，這問題有什麼背景？有什麼因果？對於我們本身有什麼影響？這決不是照抄外國人的理論所能解決的。我這篇文章就是希望在這歧途中檢查我們自己的需要，然後決定我們應走的路。

二

因為中外倫理觀念和風俗習慣的懸殊，因而一切社會問題，在中國和其他西方國家所表現的形態也不一

致，所以談到中國的婦女問題，有中國婦女問題特殊的癥結。比方說，許多人希望中國婦女做賢妻良母，假定賢妻良母是婦女應該做到的話，那麼，我們也得要求給我們一個標準，中國式的所謂賢妻良母，照三從四德的古典道理說來，那是「無違夫子」（子，應該作兒子解釋）為賢良的最高原則，最少中國的腐敗男性們是如此想的。這「無違」兩個字，就容易犯著不賢也不良的毛病了，假如夫、子是一個極惡劣的社會蟊賊的話。其次，中國人希望的賢妻良母，是怎樣可以使夫、子做大官，發大財，最多也不過如相命先生說的所謂「相夫益子」，這種侷促於家庭範圍的倫理，是不是現代國家所需要的呢？因此，別人儘管高唱賢妻良母的論調，而中國式的賢妻良母，卻只會有害於社會。就此一點而論，這裡頭已經應該有很大的修正才說得通。

三

　　以賢妻良母為典型的婦女回家庭運動，最近曾風湧一時。依法西斯統治下的回家庭運動看來，他們的用意，大約有如下列各點：

　　第一、因為職業婦女對於生育的規避，造成人口的恐慌，因此以婦女回家庭為繁殖人口的必要手段。

　　第二、因為職業婦女在社會上執業的便利，造成男性失業問題的無法解決，因此以婦女回家庭為解決男性失業恐慌的必要手段。

　　第三、因為兒童教育和家庭事務的負擔問題，職業婦女人數太多，則會影響家庭制度的崩潰，因此以婦女

回家庭為維繫家族制度的必要手段。

其他原因，姑不列舉，即就以上三點而論，在婦女本身上說來，固然是一種不公平的待遇，然而以國家民族的需要上說，卻也不是完全無理取鬧的。可這種風氣，如果也要鬧到中國來，卻不能不令人詫異了。

四

中國婦女什麼時候離開家庭的呢？男性朋友們，請不要忘記了你是中國人，你不要把少數的都市智識婦女來包括大多數的家庭奴隸呀！

中國婦女受過高等教育的人有多少？受過高等教育的婦女能夠在社會上有職業的又有多少？這不用找什麼統計，我們也可以斷定是為數極微的。這種情形，顯然不能和別人相提並論的。

現在我們就上面所舉的一般理由，回頭來看看中國的婦女問題：

第一、中國人口，雖在憂患災禍交迫之下，每年依然在增加。農村婦女的生育能力，有的著實可驚。現在中國的問題，不是人口太少而是人口太多，同時沒有營養的能力。中國婦女規避生育的，可以說是絕無僅有，這問題並不嚴重。而可慮的倒是另一問題，就是農村崩潰的今天，農民無法餵養子女，因而發生人口販賣，甚至於殺子而食的狀態。請你們問問鄉村的農民，誰不是在望著成群的兒女唉聲嘆氣呢？

第二、中國職業婦女，並沒有取男性而代之的可能性。失業問題的嚴重，另有原因，不能歸咎於婦女。男

性們對於自己的妻，老實說，多數是希望她能夠找到職業的。簡單的說，中國婦女還沒有威脅到男子職業問題的能力。

第三、說來可憐，中國婦女因為大多數沒有受教的機會，所以家庭教育是談不上的。至於家事的管理，一方面為著智識問題，一方面為著生活問題，能夠處理得很好實在太少了。這個問題，像現在中國關在家庭裡面的婦女，也恕不負責的。另外有一種畸形的狀態，就是一般達官貴人，富豪實業家的太太小姐們，則雖有智識而且被關在家庭裡面，但並不能盡一點責任，什麼兒童教育，什麼家事管理，都付諸僕傭之手，在她們看來，並不會比一副麻雀牌問題來得重大，這樣的婦女，也沒有離開家庭的呀！

五

那麼，中國婦女的需要是什麼？

我以為中國婦女的純良性和耐苦性是值得驕傲的。但，因為經濟的壓迫，教育的不良，於是弄到在家庭無所建樹，在社會更沒有什麼地位。所以我們當前的問題，並不是婦女回不回家庭的問題，而是在這種危難艱苦的環境中，怎樣去健全婦女能力和智識的問題，無論在家庭和離家庭都是一樣需要的。這不是一部分腐敗的中國男性所能了解，最要緊的還是靠我們自己去爭鬥！

從這點上說來，我的結論，不客氣的說，我主張現在中國有能力有智識的女子，應該向社會去衝鋒、奮鬥。我們要替大多數的姊妹們，爭取做人的資格，要求

經濟平等所必需的技能和智識，最低限度也要求具備做一個獨立人格的技能和智識。我們否認中國婦女已經有離開家庭的可能性，所以我們根本反對不合事實的「婦女回家庭」的口號！

　　不僅為婦女本身，就是為國家民族的前途，我以為我的主張是最合理的。

（《新民報》副刊「新婦女」，第 80 期，
1935 年 8 月 9 日）

中國女子教育問題之商榷　　　何子恆

　　筆者提出此一問題，以目今中國比較曾受教育之女子，有兩種傾向：（一）為女權運動之極端化；（二）為都市貴婦人生活之靡麗奢侈化。前者力主男女各種方面之平等與一律，而不問其是否適當與需要。如以職業言，凡男子所優為者，女權運動者亦必一律主張之，故凡律師也、新聞記者也、科學家也、銀行家也，無不欲一為之；至其目的，則在求其所謂經濟的獨立。殊不知凡此種種職業，於未結婚前或未生產前，因尚能與男子較量長短，然一至結婚生育以後，生活重心，即起變化，一則有百端待理之家務，二則有子女之教養，心力既分，若復欲與男子競勝於事業界，其事必不可能。此為一般極端女權主義運動者所未加認識，或不欲認識之事實，顯為過去十數年來女子教育不健而有待於商榷者也。至於都會婦女生活之驕奢淫逸，靡麗紛華，日唯濃妝淡抹，爭妍取憐，或出則與貴介公子坐汽車，吃大菜，燈紅酒綠，逍遙沉醉於舞榭之中，或則終日慵懶，裝愁作病，以度其絕不生產之生活，或則打麻雀以消遣，藉購物以盤桓，嬉遊終日，除消費而外，無所事事。至於家庭之如何管理，子女之如何教養，則往往毫不措意，悉以委之僕傭保姆之手。此為中國過去女子教育錯誤之結果，又何庸疑。故中國女子教育之有待於商榷，是一不容或緩之問題也。

　　就筆者管見所及，中國婦女界之前一傾向，與近年來之男女平等之說，不無多少關係。男女之間，法律地位應平等，此無人得而否認之。然分工之原則，固不容

一筆抹殺也。蓋女子之天職，以生育為最要，女子對於社會國家之最大貢獻，即在於是。易詞言之，女子如能以其聰明才智，教養有作有為之子女，則其對於家庭、社會、國家，可謂已盡其責任。至其在事業之成就若何，就女子的生理與天職言，實占次要地步。若必欲與男子爭勝於事業界，則必致拋棄其應盡之天職，而成為男性之女子也。然欲貫澈此一志願，亦非終生獨身不辦，女子生理上能否辦到此點，姑不具論，即使辦不到，亦將使整個民族陷於滅絕之境。此其不足為倡，又何待言？設若女子仍須結婚，仍須生育，則家庭之事，教養之責，固責無旁貸者也，既以家庭生活與教養兒女為天職矣，則自少餘力及於其他男子所優為之事業也甚明。且事實上女子之職業運動，無論中外，大抵在於婚前，及至一有兒女，往往復返於家庭，此種事例在我國尤多。中國女留學生之具有專門知識者，至生兒育女而後，其不復從事社會服務者，據筆者所知，實占多數。聞嘗論之，女子之將來，無論學問知識若何，結果不過生兒育女，則於其未嫁人之時，亦何必立極大之志願，從事於某種專門科學之研究？縱其個人經濟，能應付裕如，然就社會國家之立場言，不能不謂為奢侈與浪費也。

至於中國婦女之後一傾向，則尤為中國十數年來缺乏女子特有之教育所致。在十數年前，女子所學之功課，大抵與男子所學者不同，如家政、烹飪、縫紉、女子修身，皆為女子之必修課。唯於今日男女同學之環境下，女子所學者，無一不與男子所習者同。於是凡女子

所應具之知識，轉致一無所知；蓋以人格教育之缺乏，遂使女子習於玩物化而不自知。

最後，筆者欲聲言者，即家庭者乃社會國家之單位，有健全之家庭，始有健全之國家。以我國之版圖與日本相較，其大何至數十倍；然強弱相形，乃至不堪比例，考其原因，雖然萬端，日本婦女教育之良好，與家庭基礎之穩固，實為一大原因。關心民族復興之前途者，對此問題，似不應更加漠視也。

（上海《晨報》「星期時論」，1935 年 9 月 3 日）

評駁何子恆君之女子教育論　君慧

　　我寫這篇文章，恰巧是在「九一八」第四週紀念的日子。眼看著秋雲慘淡，人情冷靜，撫今思習，感傷倍增。過去的四個年頭，不消說是整個中華民族空前的受難時期，東北淪亡，錦州、熱河相繼失陷，最近又來一個華北問題。由長期抗戰到中日親善，由同仇敵愾到合作提攜！

　　四年來國事既如此，同時這四個年頭中也就是我國婦女頂倒霉，頂受難的時期。自從「九一八」事變以來，負著衛國干城之責的男人們，對於婦女的督責與干涉，特別來得嚴酷。他們對於強鄰之侵襲，儘可以步步退讓，但關於婦女的一動一靜，卻要加以嚴重的監督統制，絲毫也不肯放鬆。起先是要婦女回家，繼而是提倡賢妻良母，一面是干涉婦女的頭髮，他面是統制婦女的服飾，在南方取締男女同遊，在北方禁止男女同學，這樣還嫌不夠，於是更提出了女子教育問題。最近我國教育界亂嚷著的所謂新賢妻良母主義的教育以及家事專門化教育，不都是要統制婦女生活的希特勒主義的企圖嗎！這裡我要評駁的何子恆君的女子教育論，乃是這一婦女受難期中，產生出來的頂瓜瓜的女子奴化教育論。

　　何子恆君在 9 月 8 日《晨報》「星期時論」上發表〈中國女子教育問題之商榷〉一文，他在這篇文章中充分的展開了賢母良妻主義或希特勒主義的理論，以企圖將我國女子教育，適合於使婦女作生育機器，兼作家庭奴隸的目的。這種企圖，公然在新聞的時論上發表出來，其對於我國女子教育界，給與不少的惡影響，是不

待言的。我們為保衛婦女大眾的利益計，不能不給他一個嚴正的評駁。

　　何君在主張他的希特勒主義的女子教育理念以前，先舉出現今我國知識婦女的兩種生活傾向，拿來証明我國過去女子教育的「不健」與「錯誤」。我們且看何君的高見吧。

　　……目今中國比較會受教育之女子，有兩種傾向：（一）為女權運動之極端化；（二）為都市貴婦人生活之靡登奢侈化。前者力主男女各種方面之平等與一律，而不問其是否適當與需要。如以職業言，凡男子所優為者，女權運動者亦必一律主張之，故凡律師也、新聞記者也、科學家也、銀行家也，無不欲一為之；至其目的，則在求其所謂經濟的獨立。不知凡此種種職業，於未結婚前或未生產前，因尚能與男子較量長短，然一至結婚生育以後，生活重心，即起變化，一則有百端待理之家務，二則有子女之教養，心力既分，若復欲與男子競勝於事業界，其事必不可能。此為一般極端女權主義運動者所未認識，或不欲認識之事實，顯為過去十數年來女子教育不健而有待於商榷者也。

　　寫到這裡，我忍不住的要揭破何君的糊塗囈語。何君的所謂女權運動之極端化，是社會進化的必然現象，而且是進步的文明化的現象，而不是什麼「教育不健」所致，反而是撤廢性的差別教育的良好結果。進一步

說，一位知識婦女當律師或新聞記者等高等職業，也決
不是她的主觀的慾望要怎樣便怎樣，而是她的社會的生
活關係決定她不得不去尋求那種職業，譬方就何君自身
而說，假使何君生活在封建社會裡，那就只能學得「之
乎者也」的古文，而無從學習「ABCD」或「買那斯，
普拉斯」等洋文，更無從去當侈談世界大事的現代的新
聞記者。這就是說，在過去只能當家庭奴隸的婦女，到
資本主義社會，就同何君一樣受洋化或現代化教育而要
當律師或新聞記者。正如在過去也許當冬烘先生的何
君，到現在能夠當新聞記者，同樣是社會進化的必然現
象，而不是什麼女子教育的健與不健的問題。其次，何
君以為當律師、銀行家等職業的知識婦女，「至結婚
生育以後生活重心即起變化」，而不能與男子競勝於事
業界。這倒是一部分的事實，但這也不能成為婦女不應
當就職業的論據。因為假使有健全的社會組織，而設置
良好的育兒機關，則婦女在生育以後，未必就引起生活
重心的變化。實際上說，律師、新聞記者等高等職業婦
女，其物質生活已有相當的保障，所生子女，儘可以
「委之僕傭保母之手」，而在其事業界雖不能競勝於男
子，也不至於放棄其職業。還有一層，按照何君的邏
輯，似乎多數女工及女店員等也同女律師、女新聞記者
一樣，「至結婚生育後，生活重心即起變化」，而不能
與男子競勝於勞動界，她們也應當離工廠回家，管理
「百端待理的家務」及養育子女，可是何君並沒有提出
這個問題。因為何君也曉得，多數女工決不能餓著肚
皮去料理家務，而且何君也和其他男權主義者同樣，當

婦女作低級的筋肉勞動時，是不響一聲，好像婦女該作那些下賤的勞動似的，當然不提出什麼「生活重心」變化不變化的問題了。可是到婦女要當像何君一類的高等職業的時候，那就提出多多的問題，不是說女子混在高等社會有礙風紀，便是說女子根性惡劣，不能勝任社會大事，現在，何君是提出「待理家務」和「養育子女」的問題來反對婦女的高等職業。然而這還是何君的主觀的幻想！社會的進化過程是不管你何君願意不願意，一天天的產生出許多要和何君「競勝於事業界」的新聞記者等高等職業婦女，除非有萬能之神，替何君來把向前進展的歷史掉轉頭退回到封建社會裡去，否則那種「傾向」是無法遏止的。我們再看何君所舉出的第二「傾向」吧！

> 至於都會婦女生活之驕奢淫逸，靡若紛華，日唯濃妝淡抹，爭妍取憐，或出則與貴介公子坐汽車，吃大菜，燈紅酒綠，逍遙沉醉於舞榭之中，或則終日慵懶，裝愁作病，以度其絕不生產之生活，或則打麻雀以消遣，藉購物以盤桓，嬉遊終日，除消費而外，無所事事。至於家庭之如何管理，子女之如何教養，則往往毫不措意，悉以委之僕傭保姆之手。此為中國過去女子教育錯誤之結果，又何庸疑。

這裡，何君用他的生花妙筆，把他周圍的頹廢的殖民地有產者社會的婦女生活，描寫得有聲有色，淋漓盡

致，很可佩服。可是我們要問何君：都市知識婦女生活
之驕奢淫逸是女子教育錯誤之結果嗎？這不待言是瞎
說八道！我們亦承認現代女子教育並未臻於完善之境，
但較之封建社會的純粹的賢妻良母的奴化教育，是進步
得多，文明得多。至少在先進諸國已經撤廢性的差別教
育，只要有錢進學校，女子也同男子一樣學得現代的科
學，甚至得到學士或博士頭銜，而這些高等知識婦女在
財富集中於少數男子手裡的資本主義社會，除了極少數
有自覺的婦女外，大多數都不能不成為「貴介公子」所
玩弄的工具。於是她們的「濃妝淡抹，爭妍取憐」，以
及「坐汽車，吃大菜」，都是所謂貴介公子所誘導的結
果，貴介公子是不要自己的妻子或戀人去管理家務，撫
養子女的，他們是要她們去「逍遙沉醉於舞榭之中」，
這決不是女子教育錯誤之結果，而是快要沒落的資本主
義社會，尤其頹廢的殖民地社會的有產階層男子生活的
罪惡表現。何君只看到那些貴婦人生活的頹廢，而不看
見貴介公子的淫逸，那怪不得何君不說出男子教育錯誤
之結果。

　　何君指出了以上兩種婦女的生活傾向以後，就很得
意的主張他的希特勒主義的女子教育理論，我們且看他
的「管見」吧。

　　　　就筆者管見所及，中國婦女界之前一傾向，與近
　　　年來男女平等之說，不無多少關係。男女之間，
　　　法律地位應平等，此無人得而否認之。然分工之
　　　原則，不容一筆抹殺也。蓋女子之天職，以生育

為最要，女子對於社會國家之最大貢獻，即在於
是。易詞言之，女子如能以其聰明才智，教養有
作有為之子女，則其對於家庭、社會、國家，
可謂已盡其責任，至其在事業之成就何若，就女
子的生理與天職言，實佔次要地步。……閒嘗論
之，女子之將來，無論學問知識若何，結果不過
生兒育女，則於未嫁人之時，亦何必立極大之志
願，從事於某種專門科學之研究？縱其個人經
濟，能應付裕如，然就社會國家之立場言，不能
不謂為奢侈與浪費也。

有人說，殖民地的希特勒主義，是比帝國主義國家
的希特勒主義還要低一級，斯言誠是。希特勒在德國主
張婦女回到家庭去的時候，何子恆君在中國更退一步要
婦女不要去研究學問！我們也主張，婦女的生育子女為
社會國家的最大貢獻，因此婦女在社會應當享受特殊之
權利，但是我們的男權社會，不單不給婦女以何等的特
權，反而使婦女要安心養育子女而不可得，甚至將婦女
作為男子玩具，更使大多數婦女在機械旁邊，或在田畝
中間作牛馬一樣的苦役，她們都「衣食唯恐不瞻」，奚
暇去研究專門科學呢？她們一方面要盡生育子女的「天
職」，他方面又不得不去做養活子女的工錢勞動，這才
是重大的社會問題。何君真正要商榷中國子女教育問
題，又真正要使她們各盡其所謂「天職」，應當先給她
們充分的生活之資，使她們受「生育子女，料理家務」
之教育。這樣她們才能以「其聰明才智，教養有作為的

子女」。不過，這裡還有問題，所謂「教養有作有為的子女」，絕非一個母親所能勝任的事業。子女至三、四歲需要幼稚院的教育，至六、七歲需要小學教育，至十餘歲，則需要中學或大學之教育，這種教育絕非一位母親所可包辦。這樣看來，何君之所謂婦女的「天職」，也就是社會的「天職」，不是嗎？許多生逢的幸運的婦女，一生子女便馬上請奶媽去帶，還有保姆去服待，以至長大成「有作有為」的人物，這裡我們還可以看到奶媽、保姆及教員先生等的「天職」，而其母親的「天職」倒沒有大意義呢！至於何君說，女子研究某種專門科學為社會國家的奢侈與浪費，這未免為倒因為果的強辯！我們也承認許多受過高深教育的婦女，「往往復返於家庭」，不能在社會上發揮其才能。但這不是什麼她們的「天職」所使然，而是走不通的資本主義社會不能使人盡其才所致。這不僅限於婦女，男子亦然，許多領碩士學士頭銜的男子們不都是失業而「復返於家庭」嗎？何君為什麼不提出這是社會國家的奢侈與浪費呢？

最後何君很坦然的主張男女的性的差別教育說：

在十數年前，女子所學之功課，大抵與男子所學者不同，如家政、烹飪、縫紉、女子修身，皆為女子之必修課。唯於今日男女同學之環境下，女子所學者，無一不與男子所習者同。於是凡女子所應具之知識，轉致一無所知；蓋以人格教育之缺乏，遂使女子習於玩物化而不自知。

　　我實在懶得抄了，但是為著使未曾看過何君文章的人，也得明瞭他的真正的意圖起見，不嫌冗長的把他原原本本抄了出來，這樣大家可以用批判的眼光看破何君的廬山面目。

　　何君以為女子的必修課目是家政、烹飪、縫紉等，而男子的必修課呢，不用說是政治、哲學、經濟學等等支配的學問了。他是同北平的袁市長一樣反對男女同學，他是不贊成「女子所學者無一不與男子所習者同。」他的意圖是要將已經進步的撤廢性的差別教育的現狀，打回頭去退到十數年前的男女差別教育時代！然而何君的這種企圖，只不過是何君頭腦裡的幻想而已！歷史的進展是始終不容許這種糊塗幻想的存在！我國女子教育的前途，仍然向著撤廢性的差別教育一方向邁進！

　　（《婦女生活》，第 1 卷第 5 期，1935 年 11 月 1 日）

我們為什麼出這個專號　《婦女共鳴》編者

　　中國有所謂五倫者，即君臣、父子、夫妻、兄弟、朋友。每一倫都有兩個對等的人，每人都有對等的責任，如君聖臣忠，父慈子孝，兄友弟悌，朋友更是，彼此都要義氣。唯對於夫妻一倫，卻只有妻應該賢慧，而夫卻沒有任何良好的標準。似乎是夫只有享受妻的一切權利，而對於妻沒有任何的義務似的，寧非怪事？不僅五倫中的各對等的人們是彼此有著權利義務的對待，任何一種人與人之間，莫不如此。而獨夫對於妻屬例外，且妻對夫之賢是沒有止境的，夫對於妻之不賢也是沒有限制的。世界竟有這樣不平之事普遍的存在一般人的中間，而不以為駭怪，真令人不解。

　　其實也不必駭怪，不必不解，主之於奴，人之於畜類，不都是這樣嗎？做了夫的男人，已視作他的妻的女人，等於奴僕與畜類了，這又有什麼奇怪？

　　妻已經是賢之又賢了，不知知足的男人，還像說教般的用禮教、政治、法律……鞭策著女人往賢的最高峰上爬，而男人卻毫不打算如何納自身於賢。古人如此，今人還是如此；男人如此，有些莫明其妙的女人也如此；沒有知識的只知服從男人的女人如此，有高深知識自命為識時務的女子，也大聲疾呼的在喊著作妻的女子要賢，這是多麼不合理呀！

　　因此，有些明達的姊妹，被這種不合理的社會逼得沒有辦法，索性否認「賢妻」這一說教，根本否認賢良二字對於女子有任何關連。否認現在，而追懷著未來的合理的社會之實現，然而事實上殊非自身永不作妻作母

以外，是沒有法子否認賢良的。因此，口頭上、文字上
雖然反對，而實際上既不能逃脫為妻為母的責任，在盡
著為妻為母的責任的時候，自然逃不出獨責婦女賢良的
圈子。於是便只有祈禱合理的社會之實現了。

　　合理的社會實現以後怎樣呢？是不是妻可不賢，母
可不良了呢？然而不然。也許為妻為母的責任，由國家
的設施接替了一部分，而餘下的一部分責任，仍得以賢
良的態度去處理。所不同的，在合理的社會裡，男子們
也合理的賢良起來，妻賢夫也賢，母良父也良，使這
不合理的偏責婦女的賢良，進而至於合理的全人類的賢
良了。

　　既然如此，我們現在來提倡賢夫良父以對稱妻與母
的賢良，不正是未來合理社會催生劑嗎？

　　忠臣之「忠」，孝子之「孝」，弟悌之「悌」均
不為倫理之贅瘤，而獨賢妻之「賢」為社會所詬病者，
因其夫不賢也，然則提倡夫妻俱賢不是對症下藥的辦
法嗎？

　　在這裡有為我們所不能忽略的認識，即賢良責任獨
責之於妻而允許夫逍遙於賢良之外者，完全為私有財產
制度造成的男性所有權的社會有以致之。世界上一切都
為男性所有，女人也為男性所有物之一，故為妻之女性
應對夫賢，而為夫之男性不必對妻賢。猶之主不必對奴
賢，人不必對畜類賢是一個道理。欲使夫與妻俱賢，必
須先使女子和男子躋於平等之地位，欲使男女普遍的澈
底的躋於平等之境，必須打破私有財產制，把男子的一
切所有權盡行取消，男子與女子的私人均為無所有者，

兩性始能站在平等的地位，從新創造合理的社會，如此才能完全實現夫妻俱賢的合理關係。

我們的目標雖然在社會制度之合理化，但目標與我們的距離都是遙遠的。我們不能僅僅望著遙遠的目標，而對著我們不合理的環境發牢騷，我們應該前進，在前進的過程中，應有逢山開路，遇水搭橋的精神。如果遇有小石子絆著我們的腳，也得把他踢開；因為這塊小小的石子，與到達我們的目標雖然沒有若何的關係，但究竟是有絆腳的可能。那麼我們來提倡賢夫良父，使夫妻的關係，以及共同對於子女的責任都合理化，至少也是在作踢開小小的絆腳石的工夫，甚至是在培養開山搭橋的材料與工人。雖然不能使所有的夫或父，都躋於賢良，能使一人賢良，便多一材料工人的培養者，即是這不合理的社會中，多一合理的細胞。我們喚起認識合理的社會的男子來作賢夫良父，喚起為妻為母的女子來監督為夫為父的日趨於賢良，即是喚起人們來認識我們遠大的目標。在不會或不能推動著全人類向合理的社會急進的時候，來努力培養開山搭橋的材料與工人，以及喚起社會對於合理與不合理的認識，卻是必須的。

最近，提倡賢妻良母與否認賢妻良母的人，成了兩大壁壘，提倡的仍在提倡，否認的仍舊否認，似乎各不相關。然而我們認為妻與母受了數千年的賢良訓練，已成了凡妻皆賢，無母不良的現象了。至於少數的浪漫女子，以及生性凶惡的婦女，雖不能說盡皆賢良，然與全數的婦女比起來，幾乎等於零，實在不成什麼問題，而且伊們的不賢良，是生性不良，並非為妻不賢為母不

良，對著這種婦女，講賢妻良母，是很難收效的，訓練此等婦女的賢良，應從作人良善方面去訓練。究其實，伊等為妻為母的行為還是伊們一切行為中最賢良的。所以筆者可武斷說一句，現在是無妻不賢，有母皆良了，提倡賢妻良母的先生們，不必再白耗精力來提倡，為夫為父的是太不賢良了，應該集全力來訓練才是。反對提倡賢妻良母的人，也不必因夫與父的不賢良而否認妻與母的賢良，我們應該從提倡賢夫良父來解決目前的問題以治標他方面，自然更要努力實現合理的社會，期達我們最終目的以治本。治本治標無妨同時並進，期收異途同歸之效。這就是本刊出此專號本意。

最後我們還要鄭重聲明一句；妻母的賢良，我們不但不否認，而且要保存，但是須在賢夫良父的對等之下來行使我們賢良的行為。如果夫與父不賢良，我們必須加以督促或監視，務使達於夫妻俱賢，父母皆良的目的而後已，惟有俱賢良，始能共同實現合理的社會。

（《婦女共鳴》，第 4 卷第 11 期，

1935 年 11 月 20 日）

新賢良主義的基本概念 蜀龍

一、在個人社會未成立以前

理想的社會是個人社會。那時候的社會單位，不是家庭而是個人，家庭完全廢除，個人成了社會的基礎。一切都由個人對於社會負責任，不再經過現今這種家庭的介紹機關。簡直說在我們若干代以後的子孫社會中，他們的詞典上已見不著家庭這名詞的存在了，他們只知道有大規模的寄宿舍、食堂、育兒所、醫院，……他們不知道家庭為何物。

但是，在個人社會未成立以前如何呢？我們說的是中國，我們說的是現代，我們應當知道家庭佔了如何重要的位置呀，在社會中！

一方面，正如日本長野朗所說，在中國好些地方，還有著擁有七、八十人的大家族家庭；另一方面，例如上海：一夫一妻住一個房間便成為家庭的也有的是。沒有家庭的個人，是最少最少的份子。而政府的立法，也以家庭為本位。故事實上，在目前中國社會成立的基本要素，實在是以家庭為單位的。比如政府取稅於人民，仍由家庭的家長來繳納。個人無論對於社會，對於政府所應有的交涉，每每經過家庭為介紹機關。家庭如果完整，個人的生活常常比較有保障，如果破壞，個人生活幾乎是不可能的。青年或中年還有學校，或寄宿舍這類的代替機關，勉強有寄託之所，老年和孩子便非靠家庭不可了。

這是事實而不是理想。那麼，就事實立論，在個人社會未成立以前，好家庭的組織，乃是異常的需要。不

過舊家庭那種腐敗應該改良是不必說，舊家庭中，夫妻
孩子們又過於不尊重家庭的完整，而各趨極端未免看
重了個人，不肯略略犧牲個人的幸福，來輔助家庭的
幸福。

我們認為要使家庭異常健全，以便支持這一個困難
的過度時代，除了提倡基於男女平等原則的賢良主義而
外，似乎是沒有較好的辦法。

二、在兒童未公育以前

兒童公育，這理想是可愛的，而且這理想的完成，
按理是比之個人社會要早些的。不過，達到兒童公育的
困難，那是誰也知道的事。像現在的中國，如果我們不
唱高調的話，兒童公育所遇的第一道難關，便是經濟問
題。因為每個兒童照科學方法養起來，比之於在家庭中
隨便養起來是費用要大得多的。這種大得多的費用，不
但私人籌措不起，就是政府也沒有辦法，於是兒童公育
乃是無政府主義者的一種空頭的支票。不論這支票到
期是否有效，但在未到期以前，我們的兒童難道就不養
了嗎？

養吧！可是中國這些家庭，你看看如何養我們的孩
子，舊家庭中，養孩子的責任專推在無甚知識妻子身
上；父親採取一種毫不負責的態度。新家庭中，則妻子
為了如上節所述，不肯尊重家庭而尊重個人，便把孩子
交給無甚知識的奶媽了。

即或說，女子有天生就有的母性；但這種母性，為
了個人主義的發展，為了感覺到養孩子的責任偏壓在婦

女肩頭，為了感覺到同樣該負孩子責任的父親卻逍遙於責任圈外，因而灰心地大家都不負責，坐待那不易實現的兒童公育。在兒童公育未實現以前，孩子永抱在奶媽的懷裡了。

我們認為要使兒童得到良好的養育，平等地得到母愛而且「父愛」，那麼，新概念的基於男女平等原則的賢良主義是十分需要了。

三、舊賢良主義的爭執

甚麼叫舊賢良主義？那便是從前有些人主張的賢妻良母主義。不消說，這些主張者，大概都是一些守舊的人物，他們所謂的賢良主義中，包含了一種奴隸婦女性，他們只要達到把婦女關在家裡，不准伊出來，使伊作丈夫的奴婢，那便是「賢」，叫伊作孩人們的奶媽，那便是「良」。

自然啦，略有知識的新婦女，對於這種賢良主義，當然是毅然決然地反對。於是成為提倡者是一營壘，反對者又成一營壘；這兩營壘，彼此攻擊，永遠對抗，似乎這世界不滅亡，這問題會永遠存在一樣。其實是大家忘了這個男女平等的原則，因而各走極端，大家都走到意氣的範圍，反而連問題的本身也忘掉了。

在新婦女方面，因為不甘作奴隸式的賢妻良母，於是忘了還有一個「並非奴隸式的賢妻良母」，於是一提到賢妻良母，便盲目的反對起來；反對到了極端，連母也不作了，妻也不想作了；母不想作，妻不想作，當然支持社會的基本要素的家庭，便因而解體了。

在舊時提倡賢妻良母的一方面，則仍然是抱著男性為社會中心的老觀念，以為婦女的賢良是絕對的，男性便用不著賢良了。再進一步，更且認為賢良這兩個形容詞是女性才能用的，卻不曾想到賢良二字加於男性照樣可以適當。

從這些見地看來，過去的新婦女之反對賢妻良母，便是等於反對男性的專制，所以看去是似乎很有理由了，不過大家不曾明目張膽的地申明「賢良」是不可反對的，可反對的乃是男性的專制。於是投鼠未能忌器，因反對男性的專制而連女性應盡的責任也反對掉了。

舊賢妻良母主義者，看出對手方的弱點，用「母親的責任」和「妻的責任」這類的大帽子，大大的攻擊新婦女不能盡妻的責任和母的責任。這攻擊看去也似乎有理由了。易卜生在《傀儡家庭》那劇本中，娜拉快出走的時候，丈夫便正式提出反抗說：「娜拉，你忘了妻的責任了！」娜拉終於不顧丈夫的話走了。易卜生是一個寫實作家，其意識仍是非常含糊，不過，那劇本的上演。就在那劇情的最緊張的那句話中，曾經引起過觀眾兩方的爭執。

妻到底有責任呢？還是沒有責任呢？救了個人出走是對呢？還是成全家庭不出走是對呢？這可以說終於是一種類似賢良問題的爭執。

殊不知妻的責任乃是與夫責任相對待。夫如不盡責，妻沒有獨盡責任的理由。母的責任與父的責任相平等，父如不盡責任，妻沒有單盡責任的理由，於是「賢良」也者，設使根據於平等的原則，乃是使家庭進於幸

福，社會達到美滿的一種辦法，大有提倡的必要。但設
使不根據於平等的原則，把擔子偏壓在女性身上，那就
該反對了。

　　舊時的賢良主義的一切爭執，全然是因為不曾鬧清
這一點的結果。所以我們要主張新的賢良主義。

四、新賢良主義

　　新賢良主義，便是贊成賢良的原則，而反對偏於女
性的賢良。於是更進一步而贊成男女兩方共同賢良，以
維持幸福的家庭。這主義的基本信念是：

　　我們贊成——賢妻良母與賢夫良父。

　　我們贊成——夫賢妻賢與父良母良。

　　我們反對——為夫者或者為妻者的不賢。

　　我們反對——為父者或為母者的不良。

　　像這樣是基於男女兩方平等原則下所負的一種家庭
責任。這責任如前一、二兩節所說，在個人社會未成立
以前，在兒童公育未實現以前，是異常正大的、必須
的，非盡不可的，男女兩方若有一方不盡，便會破壞家
庭的幸福的。

　　基本概念不過是如此簡單明了。現在我們來略略地
說明甚麼叫作賢，甚麼叫作良吧。

五、甚麼樣是賢妻賢夫呢

　　古時人把賢字拼錯了，以為賢字有「服從」的意
思，以為賢妻，就是一個最服從丈夫的妻子。可以說自
從婦女運動以來，若干年賢妻良母的爭執，這種「講

錯」是該負很大的責任的。

　　遍查字典，賢並沒有「服從」的意思，他只有「多才也，善行也，愛之教之也，因其善而賢稱之也。」等等意思。對於小朋友稱賢弟，對於好人贈之以「賢良方正」，對於一個好的妻子，十分尊重伊，稱伊作「賢妻」，足見賢字的本身並無惡意，而這時代的新婦女一旦被人稱作賢妻，仿佛便是受到侮辱似的。這可以說為了反對男性的不賢，出於矯枉過正的態度。

　　其實，賢，從我們的觀點說來，應當是白話說的「溫柔、體貼」來對待終身的伴侶，不消說女方是該溫柔體貼男方，但男方更該溫柔體貼女方。

　　賢的第二點是互助，有共同的意志、思想等，除了日常生活冷熱饑飽病痛，自然雙方都應當以一種溫柔體貼的態度，使對方感到人生的美滿外，我們認為賢的夫妻該有共同的意志、思想，最要的是使彼此的意志都能達到目的，對方有所欠缺或能力不足的時候，該互相幫助，像手和腳一樣的互相幫助。

　　賢的第三種意義，乃是社會的，即是說我們要作一個賢人，現今的話說，便是要作一個有高尚人格的人，因為妻的高尚人格於夫的影響是極大的，反之，夫的高尚人格對於妻的影響又何嘗不大呢？不賢良的夫妻，便是只顧自己而不顧對方。或者，只圖倚靠對方而不求自己的上進，比如丈夫作了官，妻便靠此官為官太太，這便是欠缺賢的人格的修養。

　　根據上述三種賢的定義，男女性關係的完美，實非如此地「賢」法不可。我們不要反對作賢妻，我們的條

件是要作賢夫的賢妻。我們不要死死地，求女性作賢
妻，我們首先要問自己會不會作賢夫。在男女平等的對
待原則之下，賢夫賢妻才是理想的夫妻呢！

六、甚麼叫作良父良母呢

　　過去在問題中所爭執過的理想的良母，那便是一個
從早到晚關在家裡，作幾個孩子的總奶媽的女性。這女
性是不需要讀書，尤其不需要到社會上去作事。伊只要
身體健康，有一對好乳房，有耐性，能忍受三、四個孩
子的哭鬧，能夠看孩子的病到天亮，能夠替幾個孩子作
全身全套的衣服。總之，伊能夠把畢生的精力，全部的
光陰，通通犧牲在孩子身上，伊便是典型的良母。到了
孩子長大成人，果然有點出息的時候，伊死了。孩子為
了取得能「孝」的虛榮，「旌表」伊一下，到處宣傳伊
是「良母」。

　　至於父親呢？自來不曾聽見說過對孩子的撫育，該
負何等責任。如此良母主義，怎不叫人反對？但反對
了良母主義自己便生了孩子不顧，也是未免不合情理
的偏見。

　　惟有新的賢良主義足以完滿地解決這一問題。良是
善良的意思。善良是人人該有的行為態度，單求女性善
良好作一個良母，而不求男性善良來作一個良父，這
是最大的錯誤。於是我們對於良的基本概念是如此認
定的：

　　第一、良是一種負責任的態度。孩子是夫與妻合夥
才生下來的，故養孩子的責任是夫與妻完全共同分擔。

說是生來男子就不能看小孩，那是極大的錯誤。我們相信除了餵奶這件事是女性的專責外，抱孩子，半夜起來替孩子弄藥、蓋被，好多事情，父親都是同樣能負責任的。這樣努力負責任的父親，我們要用新名詞稱他作「良父」，在得著肯作良父的丈夫的女性，自己作起「良母」來，便是異常之合理了。

　　第二、良是一種慈愛，不但母愛叫作良，父愛也是一種良的表現。對於孩子，不但是純然義務式的叫他能夠長成便完了，而且還要情感式的叫孩子們得到溫柔的父愛和母愛。這種愛，將來擴大以後，在社會上會愛一切人，會有豐富的同情心。我們相信一個有豐富的情感的人，必是從良父良母養下來的。反之，比如為怕父親因而恨父親的孩子，其性質必然比較地不馴良。

　　第三、良是一種知識。蠢人是不能良起來的。這種知識，斷乎不應當女性單獨有，必須男性也同樣有。對於孩子，不但女性該利用知識來教育孩子，男子該同樣用知識來教育孩子的。知識，從消極方面說，使孩子的身體健康，心理上、生理上都毫無病態。積極方面，使孩子聰明，將來有大學問、大成就，都是由於良父良母的結果。

　　從這三方面看來，夠得上稱為良者，是對孩子能負責任，而且慈愛，而且有知識。那麼良父良母都是已婚的男女同時應當遵守的信條。一個人為了反對單方面的「良」是可以，但一個人若果反對良父良母的行為，那我們更認為過於意氣。在兒童公育未實現以前，這裡意氣尤其是無價值了。

七、結論

總之，我們認為：

一、家庭是今時社會基本單位，家庭不健全，今時社會
　　便會解體。

二、賢良乃維持家庭健全兩大寶貝。在家庭中重要組合
　　——夫妻，如不賢良，家庭便會破產。

三、但賢良必求之於男女兩方平等，我們必要男子作起
　　賢夫良父來，不能單求女子作賢妻良母。

　　這便是新賢良主義的基本概念。

（《婦女共鳴》，第 4 卷第 12 期，

1935 年 11 月 20 日）

解放的「賢妻良母論」──讀陳衡哲女士的〈復古與獨裁勢力下婦女的立場〉後

何華

最近在《獨立評論》第 159 號上，讀到陳衡哲女士的大作〈復古與獨裁勢力下婦女的立場〉，是一篇包括女士對婦女問題多方面見解的文字。從這裡，我們雖然可以看出女士的生活，並原諒她被生活所局限，才有些錯誤的視力，但是在婦女界的言論力量，非常微弱的今日，女士意見裡所包藏的毒素卻不容我們緘默！

女士劈頭就說：「我們承認男女在生理上的不平等，我們也承認性人格在一個女子生命上的影響，是比它在男子生命上的為大而深刻。」──這裡她否定了女子是與男子有同等資格的人，又把性人格抬高到生命上最大的意義，因此而主張「『學養子』的教育」，「婚姻應該承受賢明家長或領袖的指導，同時反對「每一個女子都須走出家庭來做一點旁的事業」，她的理由是：「假如每一個女子都走出了家庭，兒童們便須失掉他們的母親。」其次，教導婦女們滿足現狀，她說：「我們應該知道，我們現在社會上的地位雖然還有許多缺憾，但比前人卻是優越得多了；我們的生活比了她們的，也不能說不光明些，自由些，快樂些……」第三：主張女子經濟不必獨立。例如：「在原則上，我們是應該有經濟獨立的能力的；但當我們有了子女以後，我們便不應該放棄他們，而去做任何人都能做的一點『事業』了。」最後還給「解放」下了一個含混不明的定義：「……我們至少應該懂得解放的真諦。因為真正的解放

是恰與放縱相反的，它是一件自內向外的行為，是心理與人格方面的解除梏桎；它所希求的，也不是淺薄的享樂，而是志願的吃苦。」

至於為什麼女子的「性」是那麼重要得超過一切呢，女士的理由的是：「一個女子是一個家庭的中心點，而家庭又是國家與民族的中心點；沒有一個家庭的程度是能高出於它的主婦的，也沒有一個國家與民族的程度是能高出於它的家庭的。……」

另外還說到什麼發展女子的天才，女性以外的「個性，卻不外都是以完成一個良好的母性或女性為目的的。對於題目上標明的復古與獨裁的勢力，女士雖然彷彿不滿意似地說了：「墨索里尼的養豬政策，和希特勒的「回到廚房去」的呼聲，我們也不能承認它們為合理的性教育。」這麼一句，其實她竭力主張的，便是更徹底更聰明的賢妻良母論。希特勒提倡婦女回到廚房裡去，她便進一步主張婦女不要從廚房走出來！這兩個意見，根本上不知可有什麼不同？然而僅此還嫌不夠，她更鄭重聲明：「對於這兩種勢力的本身價值問題，我們現在不談。」

把以上的意見總括起來，可以得出下面的結論：在目前復古與獨裁兩大政治勢力下，不斷受著摧殘的婦女，首先須要自動承認在生理上根本就不能與男子平等，瞭解唯一的天職，是「性」的發揮與培養。滿足生活現狀。對環境壓迫的痛苦，只要從心理與人格方面把梏桎解除了，也就可以算得解放了。原來解放的目的，就是把受壓迫不得已的吃苦，改成心甘情願的吃苦！該

是多麼漂亮一篇解放的「良母賢妻」論喇！

　　女士不但沒有看見整個人類社會在那兒動轉，甚至不肯正視一下擺在自己眼前的社會現狀，尤其連自己的出處，也忘在九霄雲外，這樣硬要裝起神聖的面孔，來討論一個重要的社會問題——婦女問題，至於問題的核心究竟在什麼地方，根據甚麼才可以將問題解決，並向誰發表這些解決的意見，都可以置之不問。這樣縱然主觀上不是故意以文字為獻媚的工具，客觀上也難免替背逆時代潮流的勢力張目，成為社會進步的障礙吧！

　　在陳女士成為社會上的婦女，都享有一份與自己一樣的安適美滿的生活，既不感覺飢寒煎熬的痛苦，又受不著「性」的束縛與壓迫，因而便高喊著：「我們應該滿足了，安心的躲在愛人懷裡來發展母性的偉大功能罷！」不幸事實卻不像女士擬想的那樣單純！社會上正有著千千萬萬的婦女，在家庭經濟破產的狀況下，被逼迫編入職業勞動者的隊伍；她們不但要與男子出賣同樣的勞力，並且須忍受比男子更加苛刻的待遇條件，有時因為不能維持最低限度的生活，既免不掉離夫拋子的淒慘，又為了維持唯一的生命線，甚至不能拒絕雇主對性的侮辱；最後連最低下的勞動職業也不能獲得的她們，便作了性販賣的工具，在黑暗汙穢的生活角落裡，苟延著歲月。多少有能力，有智慧的女子，因為男女不平等的社會道德的束縛，在舊式婚姻的羈絆下，斷送了一生的幸福，甚至被逼迫踏上了自殺的絕路！這許多現象，難道都是由於婦女不懂得發揮女性的特長，自甘墮落，不求上進的結果？

姑且不論復古與獨裁勢力下的婦女政策，在事實上行不通，即使勉強作到一部分，那被三從四德，縛在家裡，不得出外，或被從社會上驅逐回到家庭裡的婦女，為生活狀況所逼，除了墮落的賣淫與坐以待斃之外，不知可還有什麼更好的出路？因為事實告訴我們，婦女老死家庭，卻並不能增加社會上的生產呢。陳女士也是不主張婦女走出家庭謀經濟的獨立的，請問寄生的生活，到底祇有那種婦女纔能辦得？

生理上，男女是有分別的，但並沒有什麼等別，陳女士「承認男女在生理上的不平等」，不知究竟拿什麼作根據？也許在女士的生活裡所能看到的女人，都是那些個嬌生慣養，柔弱堪憐的小姐太太們。但這並不能作為論斷婦女全體的根據。事實用不著舉遠的例子，社會上大多數的勞働婦女，操作能力，並不在男子以下，鄉間婦女的體力，並且遠勝過都市的男子。這還是在社會待遇不平等的條件下，尚且有如此的現象；如果在社會上歧視男女的心理與事實消滅之後，女子不因為性別受到格外的摧殘，而能在幼時與男孩同樣享受身體上的愛護與訓練——以一個「人」應得的保育，那麼健康的狀態絕不會因為什麼「性」的不同而有強弱的區別了。

婦女解放的意義，是解脫「性」的隸屬地位，但必須是以全人格的解放為目標，也只有在這個目標之下，女子纔能夠從不自然的「性」的奴隸，解放為自然的性的主人翁，解放的真諦也必須是解除實際生活上的痛苦，但若謂抱此目的，便是「淺薄的享樂」，豈不是荒謬到一百萬分！

婦女要求解放是要求作一個與男子同樣的健全的「人」，無論在社會上，事業上，兩性的關係上，她們與他們，都享有同樣的「人」的權利與義務，她們不但有參加人類向上活動的機會與天職，並且有支配個人生活的絕對自主權。

男女在社會上的地位同樣是一個「人」，生理上有性的分別，不過是自然界的一現象，合理的社會，自然有適應這種現象的設備的必要，如生育保護，兒童公育等等。

固然男女絕對平等的社會，須待一個新的社會制度誕生以後，方能實現。也許陳衡哲女士以為上面都是太違反社會現狀的論調。豈不知道社會如果真是像女士所感覺的，那樣硬死著不動的話，那麼今日的陳女士也不過仍然是一個婚姻包辦制度下的舊式家庭婦女而已，又那裡來的如現在足以自滿的恩愛家庭，以至於社會上的言論地位？

總之，中國婦女解放運動的對象，應是二萬萬婦女大眾，卻並不能以少數人的滿意生活為止境。最後女士的主婦至上的國家民族論，不但終必要遭遇歷史的訕笑，即眼前片刻恐怕也都站腳不穩，因為以主婦為中心的家庭，也正隨著社會在不斷的變化呢！

1935 年 7 月 29 日東京

（《婦女生活》，第 1 卷第 6 期，1935 年 12 月 1 日）

關於婦女問題的兩大營壘　　　柳亞子

關於婦女問題，近來是分成為兩大營壘的了。一方面，說男性是人類，女性也是人類，所以男女應該不分性別，以人類的資格為全人類而努力。另一方面，卻要叫婦女還到廚房裡面去，做做蛋糕布丁，抱抱小孩，就算盡了她們的天職，而美其名曰賢母良妻論，或者是新賢母良妻論了。這二者中間，我是贊成前一個主張的。賢母良妻當然好聽，誰會主張婦女應該做不賢良的母妻呢？不過，照同樣的比例來講，男子應該做賢父良夫，總也是無所逃於天地之間的大義吧。但是，為什麼不要提倡賢父良夫呢？可是男性對於父夫之外，還有他應盡的責任；那末，難道女性對於母妻之外，就沒有她應盡的責任嗎？我的主張，將來大同世界，自由戀愛，兒童公育，連父母妻子的名義都沒有了，當然更無所謂賢良。在現在呢，父夫的義務是應該和母妻對立的。既然沒有聽見人家在提倡賢父良夫，那麼提倡賢母良妻總也是多餘的了。

《婦女生活》的論調，它是屬於前者的。它能脫盡窠臼的賢母良妻論，主張婦女應該為全民族而努力，更應該為全人類而努力。這主張我是以為值得擁護，值得介紹的吧。編者按：本刊對於婦女問題，並無成見，無論入社會也好，進廚房也好；關於這兩派論調的文字，我們是一律歡迎的。

（《申報》副刊「婦女專刊」，第 4 期，

1936 年 2 月 8 日）

休矣！林語堂！　　　　清

　　在目前國家危急的關頭，婦女們努力準備參與救國，尚是有些來不及；竟還有人喊叫「婦女回到家庭去」，而且出自「幽默大師」林語堂先生之口，真覺得可氣復可笑。

　　在《申報》「婦女專刊」第6期上面，寄萍君的〈幽默大師林語堂夫婦訪問記〉文內，林語堂先生對「現代女性」的批評是這樣：「好出風頭的女性，都是壞蛋。大凡優良的女性，不喜出風頭的，只是在家裡不聲不響的教養子女，盡她天賦的使命。新賢妻良母是多麼高貴的天職？」「一個女人必須做賢妻良母。」「在政治上出風頭的女性，最是壞蛋。」我們由這幾句林先生底「並非過甚之談」的批評看來，婦女只能盡其「天賦的使命」，而永遠在家庭裡作「賢妻良母」，不能問聞國事。否則這種「出風頭」的女性，就是「壞蛋」，而尤其「在政治上出風頭」的，「最是壞蛋」。然而林先生「理想中的新女性」，又是「要沒有依賴性」的，應具「西洋女子的獨立精神」；這樣說來，我倒要向林先生領教，要如何才可取消女子的「依賴性」？又如何才能具有「西洋女子的獨立精神」？

　　「中國女子的依賴性」之養成，是為了經濟不獨立，而經濟所以不獨立，則因女子的職業權被剝奪。那麼，要求婦女能具有「獨立精神」，則必須從家庭走到社會上去自謀生活。若如林先生的話：「女子只是在家裡不聲不響的教養子女，盡她的天賦使命」，永遠作個「賢妻良母」，那麼，具有「西洋女子的獨立精神」之

「新女性」，將怎樣去實現！

　　林先生罵女子在社會上活動的，都是「出風頭」，都是「壞蛋」，那麼，究竟怎樣叫做「出風頭」？假如說：女性在社會上自謀生活，就是「出風頭」，那麼女工人也是「出風頭」，也是「壞蛋」；女職員也是「出風頭」，是「壞蛋」……這樣，女子只有永遠關在家庭裡作寄生蟲，「依賴」她們的丈夫，則與林先生的「新女性」之條件──「獨立精神」恰相矛盾。林先生主張「在家裡不聲不響的教養子女」之「賢妻良母」式的「新女性」，須具有「獨立精神」，這種自己打自己嘴巴的話；會出自林先生之口，殊有點出乎意外。

　　林先生不管時代潮流已澎湃進步到如何地步，只管還主張著婦女「回到家庭去」。林先生否認女子和男子有同等的獨立能力，而忽略花木蘭從軍，秋瑾革命，居利夫人發明鐳……等等事實，僅混名之曰「出風頭」；然則 1917 年俄國革命的「勞動婦女」之大規模示威運動和現代意阿戰爭時阿國的婦女群眾參戰；以及我國東北戰爭無數熱忱的救護組織……，這一切，難道都是對國家社會有損無益，女子做這一切乃是為了「出風頭」嗎？若然，依我看，這種出風頭倒較之信口開河，弄筆桿，談空話的所謂「文學家」之「出風頭」，來得有價值，有力量些。究不知林先生之「出風頭」解釋如何，由「在政治上出風頭」七字看來，似乎就是限於社會活動方面，凡是在社會上活動的女子都叫做「出風頭」，因此，我覺得照他的意思說，凡是什麼政治家、科學家、文學家……等也都可謂「出風頭」。那麼，原來林

先生編《論語》和《宇宙風》，撰《英語讀本》也是「出風頭」，也可叫做「壞蛋」！

再說，「家庭」只是女子應該兼顧的事；而不能說是女子「天賦的使命」，或「高貴的天職」；因為「教養子女」不一定是「母親」的責任，作「父親」的也有其「教養子女」的「使命」；廚房的事，也不一定單獨是「妻」的工作，作丈夫的也有盡義務的必要，因為家庭畢竟不是女子所私有；國家社會也畢竟不是男人所私有。男子也可以在家「做妻做母的工作」，除了餵乳。

總之，婦女解放是為了企圖解放本身一切人權之束縛及剝奪的痛苦；「生活獨立」這是其整個的目標。至於「解放性道德」，這是其次的問題，蓋中國的社會制度畢竟不能與蘇聯相提並論；所以我以為，在可能範圍內，女子的結婚離婚之「自由」是應該的，不過，對於林先生所主張女子也和男子一樣地「可以嫖」，這種「性道德的解放」，我卻是反對的。

休矣，林語堂！還是多抄抄「笑林廣記」吧！

（《女子月刊》，第 4 卷第 3 期，1936 年 3 月 1 日）

賢妻良母主義的復活　　　一丁

　　自從男子掌握著社會經濟的權柄，女子無形中作了男性的附屬品和奴隸，在社會上，可以說完全失掉了地位。數千年來，差不多過的牛馬的生活，有時還比牛馬更甚一層，就是「性」的自由也被剝奪了，試看歷來有權有勢的貴族階級討上幾個女子為妻為妾，社會認為是很合理的，反而女子暗自找一個異性的朋友，立時成為被罵為傷風敗俗的淫婦，社會的罪人，甚而還有喪命的危機（活埋小孤孀不就是一個最顯著的例子嗎？）。這種殘酷無人道的風俗，所以能得安然的存在於社會，也就是「賢妻良母主義」的作弄啊！

　　現在我們看一看「賢妻良母」主義是個甚麼東西，它的本質就是拿「三從四德」的法寶來奴化一切的婦女。再明顯的說，不僅使一般婦女作奴隸，並且還要麻醉奴隸的思想和知覺，要叫婦女們活活的變成一架「人形機器」，好讓男性統治者駕馭、剝削和泄欲，女子稍微有點反抗性，馬上就犯了「七出」的法條。同時一面又高唱著「女子無才便是德」的惠民政策，這就是「賢妻良母主義」的真面目，其手段的毒辣可算已達到極點。的確，過去的許多婦女都已是深深的受了它的毒化，但是略有人性的婦女，對於這奴化的政策沒有不痛心疾首的。

　　自從帝王的專政推翻，封建的黑幕揭開以後，婦女的前途似乎已獲得了一線的光明，跟著就有「婦女解放」、「男女平等」、「女子參政」等等的要求。結果，三月初八不就是全世界的婦女得解放的一天嗎？中

國的五四運動不是正式的給「賢妻良母主義」宣佈了死刑嗎？可是奇怪的很，再想不到在這革命 20 幾年的中華民國內「賢妻良母主義的幽靈，竟然又復活了。這對於婦女的前途，實在是重要得很，千萬不要忽略了它。要知道這「借屍還魂」的幽靈還會在人間作怪啊！不信的話，請拿事實來證明！

先從社會的言論說起，請看一看現在的幾個婦女刊物——如《婦女共鳴》、《方舟》、《女子旬刊》、《女子月刊》、《快樂家庭》等等，雖然表面上口口聲聲高喊「解放、解放」而暗中卻提倡「男子始外，女子治內」的政策，專門討論一些無關緊要的身邊瑣事：例如怎樣生兒育女啊！怎樣偵查女子的貞操啊！怎樣避免懷孕啊！或者灌輸一些「賢妻良母的教育」，如怎樣安慰丈夫的苦悶，怎樣調和五味、烹飪飲食以及其他等等奴化的知識。這故意使一般婦女逃開「現實」，忽略了自身的最重大的任務——和男子共同擔負治理社會工作。總而言之，以上的幾種刊物，內中所含的毒質，真不並於《女兒經》、《烈女傳》了。

尤其令人痛心的一件事，就是從前高呼「婦女解放」的女戰士們和一般婦女界的知識分子們，等到自身做了某某太太、某某夫人以後，認為自己已經得了解放，得了自由，而同時又享受著男女平等的福利（其實自己在做著高等的奴隸）。於是忘卻了本來的任務，拋棄了婦女大眾，竟毫無羞恥的提倡甚麼「新賢妻良母主義」來了。這些人不僅主張「賢妻良母」，並且還主張「賢夫良父」，這樣才算是真正的男女平等。

　　我們稍微明白的，都知道這是自欺欺人的鬼話。這是愚弄婦女的新政策，像現在的什麼「婦女道德會、「婦女會」等等的組織，全是干這個勾當，這和希特勒的「婦女回到廚房去」以及日本「訓練少女」的制度，都是同出一轍，我們對於它不能不注意啊！

　　考其「賢妻良母主義」所以復活原因，這是因為中國封建思想的再抬頭，我們知道倒霉數十年的孔老頭──禮教的發明者，現在居然的走了紅運，數年來，不是這裡尊孔，便是那裡丁祭，同時又有甚麼「存文會」、「尊孔會」等等的組織，孔老頭子既然被人又捧起來，當然他所發明的「賢妻良母主義」也要借屍還魂了。我們知道了它復活的原因，還是中國幾千年來的封建思想的餘毒作怪，所以中國婦女當前的最大責任，除了聯合世界上一切被壓迫婦女共同抵抗帝國主義外，一方面還要鏟除自身為敵人的「女奸」，肅清壓迫婦女的封建思想，和揭開一切含有反動性的「新賢妻良母主義」。

（《北平新報》副刊「婦女」，第 52 期，
1936 年 9 月 10 日）

期望於中國娜拉者

旅岡

也許今年是「娜拉年」？

易卜生的「娜拉「今年在中國公演的次數特別多，同時，在中國發生的「娜拉」問題（婦女問題）也是格外嚴重，這種現象，在某種意義上說是極可喜的，因為在這兒，至少可以表現出中國的「娜拉」以怎樣的姿態出現於「中國的舞台」上了。

中國是個半殖民地的國家，封建勢力與帝國主義者正密密地打成一個連環，這個連環恰恰套在中國的頭圈上，使中國民眾永遠也抬不起頭來，所以，不論中國的大都市是披著一件多麼時髦的和新穎的洋裝，然而實質上牠卻是寄託在帝國主義和封建勢力的懷抱裡生長的。

可是，中國的民眾並不是甘心屈膝於帝國主義和封建勢力之下的，歷史的法則把時代推向前去，中國的民眾也終於在底下爬了起來。從義和團、辛亥革命，以至於「五四」、「五三十」，降及「一九二七」……中國的大眾們已經轟轟烈烈地在封建勢力跟帝國主義者面前投擲過幾顆巨彈了。

在文化上，中國大眾創造了一個光榮的「五四」，「五四運動」是承繼著辛亥革命而來的，這個運動，是中國智識階級與封建勢力搏戰之更具體的表現，而且，就在這一次戰鬥中，中國的「娜拉」開始被解救了出來。

易卜生的「娜拉」剛好正在那個時代中被介紹到中國來，雖然這個劇本，已是過去的，十九世紀時代的作品了，可是在中國，當婦女解放運動方始萌芽的當時，

她確有著戰鬥的積極意義的。

「五四」運動到現在已經十多年，但是「五四」時代所賦予我們的任務卻還不曾完成，中國的「娜拉」還沒有獲得真正的解放。而且，近年來，隨著急遽的經濟恐慌的影響，舊的社會制度已經發生動搖，於是，未死的封建勢力又復甦了，復古運動的聲浪高唱入雲霄，而第一個為封建勢力所逆襲的，正就是在「五四」時代作為有力的進軍底「中國的娜拉」！

復古運動以各種不同的臉相出現了，南北呼應地你來一個男女分校，我來一個男女分校，繼之，讀經，存文，節婦宴，獎勵寡婦殉夫，鼓吹賢妻良母主義，把婦女們撐到舊家庭去……總之，用盡了一切方法把中國的婦女再度捆綁起來，使中國的婦女恢復以前一樣成為男人的玩物，家庭的奴隸！

因之，像去年春季在南京發生的「娜拉事件」是一點也非偶然的！同時，我們知道，「娜拉」的受難並不是我國如此，同時在希特勒統治下的德國，也是一樣要把婦女撐回家庭去製造第二次大戰的「炮灰」，撐去有職業的婦女來救濟男子的失業；羅斯福為了「復興美國經濟」，也把美貌婦女去作廣告：勸勸大家吃魚；甚至於在法國眾議院的開會中，也有個美女潛長繩從樓上旁聽席而下，要「國家立法員注意法國人口減少之重大危險」，不用說，這把戲也跟希特勒之加緊製造「炮灰」一樣，是異口同聲的。這裡，也無非表現婦女問題之嚴重，婦女之被奚落，是有世界的共通性的。資本主義並不曾把婦女從舊的束縛中解放，反之，它卻給她們套上

了新的枷鎖。

　　資本主義統治下的婦女已經成為商品化了：勞動，賣淫⋯⋯甚至於變相的交易的結婚，無一不是成為商品的。而這表現於中國就更為厲害了。中國的婦女，在封建勢力之下，自身完全操握在父母、翁姑和丈夫的手裡，極愚蠢，殘酷的童養媳制度在中國竟普遍地存在，丈夫可以販賣自己的妻子，父母也可以出賣子女，而且，因結婚的不自由而弄成的悲劇，在中國已經發生過不知若干起了！自由戀愛在中國更是比上天還要難，父兄的恐嚇及封建社會的惡毒的圍攻，每每使你走投無路。而由於農村破產以至流入城市為娼妓、奴婢的，更不知多少。法律上明明刊載著十六歲以下的女子不准結婚，然而十三歲的雛妓卻到處皆是，像這樣的中國婦女，難道還有任何國家婦女比之更慘酷嗎？

　　中國的婦女問題，是與世界的婦女問題有著共通性、聯系性的。同時，婦女問題也是社會問題之一環，當這個舊的社會沒有整個變革之前，婦女問題也是不能夠單獨地去解決的，社會是不斷地在變革，在前進中，在艱苦的時代中的中國婦女，就應該緊握住在這個變革的連環，勇敢地踏上戰鬥的路上去。要比「五四」時代更勇敢，更澈底，更堅決一些！認清楚在當前餓虎般的封建勢力和帝國主義間的聯系，而且，我們應該以反帝反封建為我們婦女解放運動，以至於完成中國的民族獨立運動的主要任務之一！

　　中國的「娜拉」！時代的輪子在轉動著，我們要爭先走在輪子的前頭，我們要認清了自己的路，我們要易

卜生的「娜拉」更進步，更英勇些：救自己，救
中國，救正陷在戰爭的恐怖中的人類。
中國的「娜拉」！二萬萬的中國的「娜拉」，我們
期待著你，以新的姿態出現於「中國的舞台」！
（《女子月刊》，第 4 卷第 10 期，1936 年 10 月 1 日）

第二編
母性保護與婦女職業
1937–1940

現階段婦女的職業問題

履冰

自劃時代的「五四」運動爆發後，中國婦女在雙重的壓迫下和本身的覺醒中，毅然地以嶄新的鬥爭精神捲入了時代的洪流，發出強烈的解放呼聲。數十年來，以「汗」與「血」的最大努力始爭取了一般婦女的社會地位。

抗戰發動以來，事實證明了中國女婦女是更剛強地站起來了。三年來，我們看到了成群的婦女穿上戎裝參加戰地工作、游擊工作，成群的婦女捨下家務從事後方工作慰勞勸募，宣傳救護。她們站在自己的崗位上，盡所能擔負起婦女在抗戰中應擔負的責任，她們表現的工作能力，已不是過去一般社會人士心目中的「花瓶」，而是切實苦幹的女戰鬥員。

無疑地，婦女是抗戰中一環，是國家的一支生力軍。要使全民抗戰取得勝利，就必需動員佔全國半數的婦女。在這種情形下，婦女問題的發生應該是如何吸收更廣大的婦女群眾積極地參加抗戰工作，如何改善婦女的職業環境，俾使有利於抗戰。

可是，使人想不到的是在這抗戰將步上勝利的緊張當兒，發生了婦女應否就業的嚴重問題。首先是郵政儲匯局通令限制用女職員，跟著是交通部通令停止已婚婦女的職務，去年閩省當局又下令各機關一律停用女職員。三年來，各種畸形的驚人消息相繼傳出。據他們的理由是說婦女能力薄弱，婦女對工作的信心不及男子，婦女家務瑣事的羈絆影響了工作。當然，他們又怎能好意思直截了當地說：「如果婦女職業地位太提高，將來

是會妨礙我們職業的」。

試睜眼看看其他國家的婦女情形吧：在日本，婦女是一向被壓迫於地下的，她們一生完全葬送在家務上，她們和社會隔著一條鴻溝，永遠得不著溝通。在德國，納粹統治下的法西斯國家，婦女早就遭受到不幸的命運了。希特勒曾大聲疾呼：「婦女回到廚房去」的口號，她們被剝奪掉從事社會活動的權利，她們的命運跟著納粹的強暴漸漸地接近悲慘。且看蘇聯呢？那可就大不同了，蘇聯的婦女地位是居世界婦女地位的首位，他們獲得了真正的自由平等，獲得了真正的解放。無論已婚或未婚的，她們和男人一樣參政、工作。她們工作效率的表現，也不亞於男人。在蘇聯所發生的婦女問題，已不是婦女應否就業參政等問題，而是如何改善婦女職業環境，使婦女有更進步更驚人的工作表現。

中國雖不是蘇聯，但更不是日本、德國。中國婦女雖不能馬上達到理想中的婦女解放，但絕不能遭受德國婦女一樣的命運。在過去婦女職業到取得法律的保障，殊不知越來越糟，際此國家勝利在握的今天，居然發生了這種開倒車的現象，想來誰不痛心！？誰不憤恨！？

抗戰以來，婦女受到人世間最悲慘的酷刑，在淪陷區域，多少婦女被姦淫；多少婦女被屠殺；多少婦女流離顛沛；像這些流離的婦女，既失去了家園，復無能繼續學業，如果不給與適當的工作，在生活的困苦和社會多種的誘惑下，誰能相信她們不會走上歧途，墮入深淵，試問是不是對社會有益？是不是增強了抗戰的一分力量？憑著人類應有的天良，我不知道下令限用女職員

的當局者是否還能無動於中？！

　　問題總是這樣不合理的被發生了。我們一方面看到一班頭腦陳腐的先生們，為當限用女職員的通令而共鳴，一方面看到多少的婦女，為了這不幸的消息而呼籲。是的，問題已十分嚴重，但我們絕不能讓這問題滯留在時間裡，我們要強烈呼喊，使全國的婦女紛紛響應起來，擁護領導婦女的先輩，積極地努力解決這問題。

　　解決問題的主要條件應該實踐下列各點：

　　（一）健全本身的工作能力。「婦女能力薄弱」，當然，我們不能說所有的工作，婦女皆具有健全的能力，但我們相信能力薄弱是可從本身的努力和作事的經驗中健全起來的。一般婦女能力的薄弱並不是天賦，而是由於缺乏經驗。只要能不斷地實踐，從實踐中獲取經驗，從經驗中培養能力。婦女們！我們要洗去「婦女能力薄弱」的偏見，我們唯有不斷地努力，從工作中充實自己，從學習中充實自己，健全本身是解決職業問題甚至一切問題的先決條件。

　　（二）養成堅忍不拔的戰鬥精神。「婦女對工作沒有信心」，是的，我們並不否認有這種現象。可是，我們知道，這責任一半是在婦女本身而一半卻在社會。以過去的情形論，婦女在工作中常被說成「花瓶」，當局及同事們總取輕浮嘲弄，冷熱譏諷的態度，使工作婦女受到一種難以熬受的苦痛；不幹吧，生活的皮鞭太可怕，幹吧，要是倔強不受任何襲擊，必被排擠與誹謗。在這雙重苦難的交迫中，試問婦女用什麼方法來堅持對工作的信心？不為嘲弄譏諷所屈辱，已是好現象。話說

到此，我也不願再說下去。過去已成過去，把握現實，爭取將來；我們要用血的奮鬥，洗雪過去的恥辱。目前我們的工作已經有了進步，今後我們當然是逐漸增強工作的健全。我們要拿出鐵的意志，不屈不撓的精神，站在工作的崗位上，切實苦幹，堅持對工作的信心。

（三）要求改善職業婦女的環境。婦女有家務瑣事的羈絆，這是事實。我們也相信一般已婚婦女確實因結婚而妨礙了工作；可是我們應該知道，這責任並不在婦女本身，卻在整個社會。蘇聯的婦女們所以能表現和男人一樣的工作效率，可說是得力於國家的獎助。她們沒有家務的羈絆，把孩兒寄於托兒所。可是在中國，婦女是不是能得到這有力的幫助？工作婦女困於工作與家務的羈絆下，叫她們拿什麼力量去表現驚人進步的工作效率呢？婦女們！為了整個婦女的解放，這是急需解決的問題。我們不能讓他長久存在，我們應積極地要求當局設立托兒所及公共食堂。這是改善職業婦女環境的第一步工作。

（四）要求當局取消限用女職員的通令，並予職業婦女以輿論的獎勵。把婦女趕回廚房去，把婦女束縛在家務瑣事上，這在神聖的全民抗戰和爭取神聖的婦女解放的目的，是絕不可能的。我們要記住總裁的話：「這次抗戰，是全面抗戰，地無分南北，人無分老幼男女，……」為國家；為民族；為自己；我們要積極呼籲當局取消限用女職員的通令，並予職業婦女輿論的獎勵。

全國各階層的婦女們！快快起來盡最大的努力求徹

底解決這嚴重的問題。記住！要爭取婦女的真正解放，
必需先爭取婦女職業的自由，和平等的權利。

（《戰時婦女》，第 1 卷第 4 期，1937 年）

婦女職業問題的理論與實際　　吳錦紋

　　近幾年來被所謂西洋文化破壞了固有道德的我國，一談到婦女職業問題，真令人有不寒而慄之感！其實男女在社會人群之中，雖然天賦以生理上的不同，但是所應負的責任，所盡的天職，究其分量，都是等量的重大，並不受「重男輕女」的鄉風陋俗所限制；也並不受「不重生男重生女」的一時變態心理所改易。因為那只是局部的，或者是一時的特殊情形，大多數的婦女，仍就能夠明瞭她們的責任和應盡的天職，所以社會人群之中，無形的孕有著一種很安定的現象。

　　歐風東潮，所謂西洋文化，一多半是由電影片上帶來了，一少半才是由書本雜誌和紈袴子女用著父親的錢去留學帶回來了，這一下不打緊，彷彿中國女性幾千年來都過著非人生活似著，所以創造了「解放」的名詞（其實 Emancipation 字義譯作解放已經勉強可通，但是不專指女性脫離束縛而言）。並且牽強附會的謬為解說，於是固有的男女方面應守的禮教，完全被破壞的體無完膚。

　　二十年來，所謂痴男怨女，竟因此而減少了苦悶的情緒，可是另一方面，卻又因此而增加了多少妨礙風化和家庭上、婚姻上的諸般罪惡。所以一談到婦女職業問題，便須先就此點作為基本上應注意的一種重要關鍵。

　　有了男女間放蕩慣了的風紀，職業婦女又不能專在婦女事業上求職，那麼從事職業之先，應當對於現社會上的情形，充分加以認識，為了經濟方面怎麼樣的不許可，也不要求職的心那麼樣的追切，因為在家裡作作每

天應作的事，雖然沒有收入薪給，但是家庭裡面得到整潔嚴肅的修理，自己方面得到勤謹耐勞的習慣，也就等於盡了婦女的天職，孔子也曾經向一般人說過：「是亦為政，奚其為為政？」雖然注重在孝友，家庭各事，何嘗不是一樣？

就目下一般有職業的婦女而論，以從事教育事業的人比較著多些，試看大多數的小學教師，若不是她們的父兄家資富有，或者她的丈夫比她有著高出三倍以上收入的話，她們的家庭中，你能進去看出些整潔嚴肅的條理嗎？

我不敢說過分的話，她們家庭裡面如果不能處理的很好，她們從事職業的時候，也不過讓人看成等於「花瓶」，至於風格高些的呢？常常流入於驕傲自滿，品行稍差的呢？就不自覺的流入於此俗頹風之中了。

因此，婦女對於職業的充任，實際上，應有多少方面的側重和修養，就目下的需要，再為分析言之：

（一）充實能力

無疑的在機關任職的婦女們，常常背後被人指稱為「花瓶」，這兩字的含義，誰都能了解，至少有一小部分，不能負責任事包含在內；所以無論已經從事職業的婦女，或正在求職中的婦女，都要向充實自己的能力方面側重，和下工夫。

一般人的通病，以職業為換取薪俸的義務，只要是敷衍下來，便覺得盡了職，甚至靠人援引的，更連敷衍都不敷衍，這樣無異自己承認是「花瓶」，並且自慰的

說：「笑指任他笑指，花瓶我自當之」。說這話的自有
其人。不過，絕對不是多數婦女們所自甘心默認的吧！

　　職業須求得其興趣，有人說：「我興趣不近於此，
所以作不好」。這便是婦女們的高傲心情，失敗的表
現。假如，這一件事妳作不好，另一作事一樣的也作不
好。興趣二字不能以自己的嗜好來強作詮釋的。是要在
妳所擔任的職業上，加以修養的工夫，而求得其興趣
的，因為任何一椿事，只要肯下工夫，自然有著不少的
收獲，妳的收獲越多，興趣越大，終久，妳會因此而得
到專家的榮譽。

　　有人和我說，現在的女教師，因為小學生功課容
易，她們擔任了好幾年的教職，除去批閱課本以外，沒
有再讀過一本教育書籍或一本雜誌，有的人努力拿起書
本來，向不終卷。我笑著回答說：「這是不會有的。」
可是幾年以來，無意中留神多少位她們家中，除去麻雀
牌桌和小孩子以外，真是連一本新書都沒有，也或者是
在學校老是託人代課，她們躲在休息室裡去看新書吧！
那就不得而知了。

　　其實小學生的功課最難教授，科學知識日新月異，
十年如不動書本，小學生假若指著「霓紅燈」問你的原
理，這是很平常的事，恐怕妳會要對他們撒謊呢！

　　即此一端，就可以知道無論從事那一項職業，隨時
要充實著自己的能力，無時無地不下工夫，那才能算是
「差堪勝任」啊！

（二）敦守禮教

基於社會風紀的久已不良，移風易俗的責任，婦女也要負著半數，這是毫無疑義的。

自然敦守體教，是人格的問題，因為從事職業間引起的事實佔最大數，那麼討論到實際問題，也就不能不列入成為重要之點。在婦女從事業方面，如果能夠具有上項的充實能力，第一，先令男子不能加以輕視，甚且轉為佩服，那麼就不會有著妨害風紀的惡觀念發生，在婦女方面敦守體教的壁壘就堅固得多了。第二，能力既已充實，無須仰賴著旁人幫助，不必向著懷有破壞道德的男子去求指引去請教，職業方面的任何事由，縱然不必採去「絕緣」的交際，那麼很容易的完成妳敦守禮教目的。這不僅是對於個人的名譽和前途，具有著莫大的福利，就是社會上的移風易俗的責任，也卻受著不少影響呢！至於自己婚姻的問題，固然是另當別論，然而在職業圈內的同事覓快婿，也屬卑鄙下策，被人匿笑，在所不免的啊！

不尚虛榮在敦守禮教上是絕大的幫助，因為那樣，可以避免出風頭，不為人所覷覦，同時也就少求教於人，更可以潔身守己。寄情於自己職業的興趣上，將來的真實成功，榮虛心就逐漸的減退了。

勤謹謙恭，不受到懶惰的指摘，並且不受傲慢的批評，實地的向著職業興趣上走，那麼不必顧念到禮教範圍，其實妳早已敦守無遺呢！

簡單的對於婦女職業問題方面說了以上的一段，多是據理以言，事實有徵，讀者不以諷刺過甚，仔細的透

視，或者於從事職業上，有些許於進益和幫助，即便是
本文的微旨所在了。

（《婦女家庭》，第 1 卷第 1 期，1939 年）

怎樣認識現階段的中國婦女運動？

夏英喆

「蔚藍中一點黯淡」讀後感

抗戰以來一些熱情的婦女工作者說：文章無用了，今日救中國不在多說，而在多做。因此婦女工作便忽略，甚至拋棄了中國婦運的理論基礎和配合抗建國策的問題，而只是憑著熱情漫無計劃的幹，幹了三整年工作，雖然由於客觀環境，主觀力量的各種條件，使婦女工作在抗建過程中，樹立下榮譽的紀念牌，象徵著中國婦運前途的光明，可是指導婦運的正確理論與現階段婦運的特點及中心任務，卻一直是沒有得到普遍明確的決定。這原因一方面是我們沒有好好吸收和運用過去婦女參加革命運動的經驗與教訓，一方面是即在最近幾年來婦女工作的材料，也沒有適當的蒐集起來，加以整理和研究，同時從事婦運的人們，更沒有在提高知識水準，加緊理論學習上多花工夫，因此到今天對於這個問題，大部分婦女也還是在模模糊糊中。

其次，雖然抗戰後知識婦女參加了文化工作，國內婦女刊物雜誌數量上比戰前多了六、七倍以上，可是這些刊物大都是做為自我宣傳的工具，理論文章則說來說去，差不多都是大同小異的八股，而很少有觸及問題核心和提出問題討論的，至於工作報告，更少有執行嚴格批判與自我檢討的，因此表面上我們的工作好像就沒有缺點和錯誤似的，而實際上也許我們正犯著錯誤，阻礙了我們的進步。

現在正當著許多問題橫在面前需要商討清算的時

候，抗建三周年紀念的前夕，大公報發表了端木露西先
生的文章「蔚藍中一點黯澹」來討論婦女工作，是非常
使人興奮和值得注意的。首先，我覺得端木先生的文章
恰好是針對著當前婦運理論提出的中心問題，在這篇文
章裡端木先生以謙虛誠懇的態度，檢討和批評了婦女運
動的弱點，勇敢直爽的精神，揭出後方上中社會裡婦女
的墮落，腐爛的生活，對於一般知識婦女，女學生虛
榮、萎靡的傾向，表示了無限隱憂，而加重提出婦運的
使命。

　　我對於這問題素少研究，但是因為關係到婦女本身
問題很大，因此願以個人粗淺的意見，補充在端木先生
的文章之後，錯誤和不夠的地方還希望端木先生和讀者
教正。

　　在沒有研究問題之先，我們先來看看：

　　（一）中國婦女運動歷史任務和現階段婦女運動的
重點是什麼？

　　百年前的鴉片戰爭把中國門戶撞開，使中國降為半
殖民地的國家，中國婦女也從封建社會的壓迫下，變成
封建勢力壓迫和帝國主義經濟剝削的二重奴隸。大部分
婦女隨著農村經濟破產流為餓殍，擁進都市，都市婦
女的失業失學流於墮落、死亡；另一部分婦女則隨著帝
國主義帶來的資本主義文明，接受了殖民地的文化及教
育，變成特殊的高貴的知識婦女，沾染著繁華都市的虛
榮和物質享樂，而成為今日的寄生蟲、花瓶之類。在這
種情形下，中國婦女所處的地位自形式上看來雖然有高
貴的太太小姐，中層的知識分子有家庭婦女，貧苦的女

工、農婦，和下流的娼妓女優等之分，可是實質上其為封建社會，帝國主義壓迫下的沒有獨立人格，沒有自由的奴隸則是一樣的。因此歷史所賦予中國婦女運動的任務，就是對外反抗侵略我們的帝國主義的國家，對內剷除舊禮教，舊勢力的束縛，以爭取婦女的真正解放。但是中華民族是個被壓迫的民族，婦女要求自身的解放，首先就要使整個民族獲得獨立和自由，目前日本帝國主義是我們不共戴天的民族仇敵，我們全國正和日本強盜進行生死的決戰，中國婦女運動無疑的要以參加保衛祖國戰事，爭取勝利為中心任務，而中華民族解放運動也不可能沒有婦女參加就取得勝利。當然中國婦運也正和中國革命運動的脈搏一樣，她是在各個不同時代不同環境中，表現為不同的具體的行動，所以我們要認識和批評中國婦女運動，也應當注意其不同時代背景，注意其每一時期的發展和進步。

　　總之，中國婦女運動的基本任務，就是在參加民族解放戰爭中求婦女解放，動員和組織廣大的婦女群眾參加抗戰建國事業。如果這一原則沒有大錯的話我們。

　　（二）怎樣認識端木先生提出的幾個問題呢？端木先生的文章裡，我們可以看出幾個婦女問題，即第一，婦女應否回到家庭去的問題；第二，女子教育的目標問題；第三婦女運動的意義。

　　在婦女應否回到家庭去的問題裡，端木先生引用一個婦女刊物的宗旨說：我們既不欲單單做「女人」，我們即需知道怎樣做一般「人」。又說：「我們要解放，我們也要做人，正如一個男子做人一樣」和「我們應

有嚴肅的人生態度，勇於負責的服務精神，擴大的們的母性愛，而做一個『人』不做一個『寄生蟲』，「從智慧中獲取更美麗更勇敢的人生觀。」這種態度是我們非常同意和佩服的，可是下面端木先生意見就不同了，端木先生同時又說：「在現社會制度組織之下，我們不能否認在二萬萬多的女同胞中，無論她的階級如何，十分之九的婦女歸根結底還是需要在家庭裡做主婦、做母親的，在這種社會制度沒有徹底改革以前，一個女子為了它自身的幸福，似乎也有權利要求享受一個幸福的家庭吧！而這一種家庭最主要的必須她自己先做一個好主婦，一個好母親。「目前的許許多多青年女子在五年、十年以後，我相信大部分人皆為主婦，皆為母親。」「在小我的家庭中安於治理一個家庭。」……這就使我不懂了，要想達到端木先生前面主張婦女做「人」的目的的話，像後面這種安於治理家庭行動是可以做得到的嗎？男女不平等的原因，就是為了婦女脫離社會勞動，經濟上仰賴男子，所以才被叫做寄生蟲。婦女要求與男子平等，當然應當從參加工作，求經濟獨立入手，可是端木先生叫婦女做主婦，回到家庭去，這不是根本違反了男女平等應從經濟入手的原則嗎？並且端木先生即是叫婦女「勇於負責服務」，「從智慧中獲取更美麗勇敢的人生觀」，那麼在這種社會制度沒有徹底改革以前，女子怎麼可以為了自身的幸福，要求幸福的家庭呢？這種幸福的家庭既不是婦女自身奮鬥的結果，又不是合理社會中人人可以得享受的，那麼端木先生叫婦女在那一種類型下，才能保持自己不做寄生蟲，又能夠享受幸福

呢？並且既是婦女要做人，正如一個男子做人一樣，那麼婦女怎麼可以不挺起身來參加社會改革的事業，而偏怯懦地、自私地只會在未改革以前要求苟安的幸福家庭呢？社會改革是男女共同的義務和責任，尤其是受過教育，有著「完整的人生觀」的不做寄生蟲的婦女，當然更應當以身作則，參加男女共同奮鬥的社會運動才是。在這山河破碎，強敵壓境，千百萬同胞為祖國在槍林彈雨下流血流汗的時候，婦女，如果是自覺有人格有靈魂的婦女，她應當在血腥和火藥氣味中建築起幸福的家庭來嗎？偉大的時代裡沒有姑息也沒有猶豫，如果婦女不敢面對事實，參加民族解放，建設新中國的艱巨事業，婦女還有什麼理由，什麼權利，向新中國社會要求幸福呢？特別是抗戰入於艱苦階段，最高領袖號召全國同胞踴躍參戰，全國婦女應積極動員參加工作的時候，端木先生主張婦女十分之九回到家庭去，這對於抗戰建國婦女動員的影響嚴重，不問可知；而對於婦女解放前途也十分危險。我們應當重視二萬萬二千多萬婦女，在抗戰建國事業中偉大的力量和偉大的影響，因此我們要堅決主張婦女走出家庭來供獻自己給國家民族，在參加實際工作中鍛鍊自己，希特勒的三K主義把德國婦女趕回家庭去做奴隸，做寄生蟲已經遭到全世界婦女和一切正義感的人士的唾棄，我們新中國，當然是不需要學納粹國家的。

在女子教育目標這一問題裡，端木先生舉出許多例子，而對目前受過教育的婦女生活和理想表示憂慮，認為「看不出解放後的婦女和我們的母親，有什麼區

別。」這正如端木先生自己所感覺到的：「這一類型的
婦女大都屬於上中社會，並且更重要的是她們都受過與
男子相同的教育。」端木先生對於上中社會的婦女生
活、理想，痛下針砭是完全正確的，不過這一部分人已
經是萌芽中新中國裡將腐爛的垃圾了，她們並不能代表
進步中國的新女性典型。她們能揮霍，能享受，能在別
人的痛苦與犧牲中建立她們的幸福來，這正說明中國的
新建設中，還殘存著一些「贅疣」，可不是什麼婦女解
放的結果。同時我們應當向遠處低處瞭望：在這三年
裡，中國一部分真正瞭解解放意義的知識婦女、家庭婦
女、女學生和廣大的婦女群眾，怎樣以英勇的姿態，為
了國家民族和婦女解放事業，在血火的戰鬥中，獻出了
她們的父親、丈夫、兒女，和自己的生命。她們或赴前
線，或在後方，或參加軍隊政訓，或深入農村動員，或
留敵後協助游擊破壞公路，或在工廠從事生產合作，而
推進民主政治，促進團結，掃除婦女文盲、徵募、慰
勞、宣傳、組訓，搶救及保育難童等工作，尤其是抗建
中婦女最大的貢獻與不可抹殺的功績。這些婦女根本不
暇想到自身享受與幸福，當然她們「做人」的態度也不
是「安於治理一個家庭」了，端木先生如果拿她們來證
明中國被解放的婦女的類型，我想一定不致再歎息和
「我們的母親」沒有區別了吧！這些新中國的優秀女
性，不但參加抗戰，也要分擔建國責任，只有她們的行
動，才是中國婦運的內容。至於女子教育目標問題，如
果端木先生站在女性立場上謙虛的自責說：「她為什麼
受教育，受了教育以後怎樣，恐怕很少有時間來思慮這

一問題。」是可以的，但問題的看法恐怕單是這樣還不夠，我們是不是首先要看一看現代婦女所處的社會環境，其次我們要問她到底受了怎樣的教育？就是說教育是否使她認識了真理？我們再問，國家對於已受教育的女子出路問題是否考慮過？

據教育通訊二卷七期內關於中學課程一個小調查，一文所載：在一百六十八份調查表裡，對於「女子生活教育，應以賢妻良母為唯一目標」的竟佔百分之六十以上。試想女子教育在百分之六十以上以賢妻良母為目標者，受教育的女子所獲得的是什麼呢？在這樣的教育環境中，如果偶然有自覺的女性要求為社會服務的話，可知那比起選擇丈夫，結婚不知道要困難幾十倍。我們這個社會上所給予婦女的是到處碰壁、玩弄、壓迫和歧視，不能堅定自己意識而墮落的，馬上就給你滿足、幸運；意志堅定，不受誘迫，不同流合汙者，就使你被壓著透不過氣來。因此，婦女在學校裡既不能從教育上認識現實，堅定信念，走出學校，社會又只有碰壁，只有誘惑，則她貪圖苟安向罪惡的黑暗的社會投降，不也是很平常嗎！當然我的意思絕不含著寬容她們的成分，但是我覺得知識婦女墮落，教育和社會環境都要負重要的責任。因此我們要求教育當局突破封建心理的桎梏，在適合抗戰建國要求下，確定女子教育的新目標。婦女應當不僅是丈夫、孩子、廚房的附屬物，而應是國家民族之一員。一個不折不扣的國民，她不只為一個家庭服務，享受一個小我的家庭幸福，而更要為創造千百萬幸福家庭去奮鬥，這樣才是我們對於女子教育目標的意

見，也只有在這一目標下教育出來的婦女，才能勇敢的負起救亡圖存的責任。

關於婦女運動的目標問題。端木先生舉出「皇后」、「花瓶」為例，並說：「實際上不依賴丈夫，而能單獨地貴為『達官貴人』之流者能有幾人？這一情形很顯明的說明了一種事實，即過去婦女運動太注重解放的形式。」又說：「作者以為對於女子教育沒有一定的中心目標，自應負下它的一部分責任，但是最重要的還在於婦女解放運動沒有能貫澈它的全部的使命，形式的結果可以力爭幾位議員席，或者解放了青年女子的私人縱慾……事實上能有多少人能得為女要人、女官吏，甚至於女醫生、女作家……假使我們不希望在十年、二十年以後再看見那種以『玩牌』、『放縱胃眼』，為滿足的墮落的婦女類型，我們對於婦女運動具有熱忱的人是不是也感覺到心靈的智慧的解放重於形式的解放呢？」

端木先生以為社會上有「皇后」和「花瓶」，便是婦運的失敗，這似乎近於倒果為因了。我們只要了解在封建積習下壓抑了數千年的奴隸，一旦解放出來當然不能馬上就和婦女解放的最後結果全然符合，這只是初期婦運幼稚現象畸形現象罷了，正如三、四十歲小腳婦女放足一樣，她不能和天足相同，並不是這個婦女的腳天生畸形，而是她在三、四十年前有著纏腳折骨的原因存在，當然我們不能因此就反對放足運動了。其次還要說到社會原因，我們承認的確在婦女解放初期中有些婦女修養和認識不夠，自甘墮落，供人玩弄，可是我們也應當看出舊社會頑固分子對於女性歧視，玩弄的心理，女

店員、女職員的錄取很少注重經驗能力的；第一個條件倒是年輕貌美，而學校裡皇后還不是追逐者取媚女性的手段嗎？這些形形色色，當然不是提倡婦運者的始願，所以就更不能片面負責了。自然，到今天為止婦女運動沒有走上完全正確的路線，「沒有貫澈它的全部使命」這是事實，但這也不是單獨的婦女運動本身問題，而應當看清婦女問題是社會問題的一個環節，在社會問題不澈底改革之前，婦女問題是不能單獨解決的。

端木先生指出那些女名流、女要人「事實上不依賴丈夫而能單獨的貴為『達官貴人』之流者能有幾人」這是完全正確的，中肯的。但是我們不能因此就誤會為假借婦運的美名，利用大眾的力量。造成少數女達官、女貴人就是婦運的真正目的。我同意端木先生要求婦運不僅注重形式的解放，但我以為我們首先要根本打破婦女運動乃在造成少數達官貴人、女要人、女官吏……的錯誤觀念，而是要面對著廣大的婦女群眾，為二萬萬二千多萬在水深火熱中婦女同胞爭取解放自由而努力，而這種婦運的內容又正和民族解放的利益完全是一致的。端木先生希望在十年、二十年以後不再看到墮落的婦女類型，這也是全國婦女共同的希望。但是光光從「心靈的智慧的解放」去努力是不可能的，他必須徹底糾正女子的母妻教育的目標，而應以為國家培育人才，給婦女發展天才的機會為目的，對於那些恣情享受，毫不工作的婦女應當有國家社會的制裁，使其無法產生，不容存在，這樣並不需要十年、二十年以後，那些寄生蟲，自然就可以消滅了。

　　最後，我提出兩點簡單意見，貢獻給關心婦運、關心抗建前途的先生們之前：

　　（一）改善與調劑兩種懸殊的婦女生活，使養尊處優，高貴閒暇的婦女生活降低一點，約束一點，抽出節餘的時間金錢來直接間接貢獻給抗戰，使終年勤勞，不得一飽，在暗無天日奴隸的鞭策下的女工、農婦，和抗屬們的生活，稍稍改善一點，減輕她們的沉重負擔，如孩子，家事，工作，瞻養雙親等，抽出一點時間來受教育，但這兩點都必須政府和社會有切實負責具體的辦法不可。

　　（二）積極領導和開展全國婦女運動，普遍進行各階層婦女組織，給一切不違反三民主義的婦女團體以組織活動的機會與自由，使每一個婦女，不問貴賤都能參加有組織的集體生活，每一個有組織的婦女團體，都必須注重切實深入的工作。

　　　　　　　　　（《大公報》，1940 年 7 月 28 日）

由婦女解放談到婦女職業問題　　郭俊

整個民族解放，是婦女解放的先決問題

倍倍爾在婦人與社會一書中這樣提示過：「在佔人類二分之一的婦女沒有得到合理的解放前，全人類該沒有合理的社會生活存在。」這話是對的。尤其當科學文明進步一日千里，人類對於自由平等真諦趨向徹底了解的今日，更見得這句名言的實在性。因此，我們的婦女問題，不是狹義的自私的偏重在婦女本身的利害關係或利益上，而是站在全人類謀得共同合理的社會生活的立場上加以提示和開發，因為我們有一個為全人類所共同追求的偉大的理想目標！詳言之，促進婦女解放的奮鬥，固然其力在婦女本身，而異性們也不應袖手旁觀，尤其不能近視的加以無謂的阻撓，因為這阻撓直接影響婦女本身者固匪輕，而間接影響民族國家甚至全人類者尤大！

這問題太廣泛了，當我們民族國家罹於絕大生死存亡關頭的今日，我們應當先討論最有利於抗戰的是甚麼？即是最後勝利的希望早日實現的是甚麼？於是婦女解放問題與民族解放問題，有連繫起來商討的必要。

然則婦女解放與民族解放有甚麼關係？可以說有連結不解的密切關係，也就是說：在整個民族沒有得到解放便無從談起，試問在國家被侵略，民族被征服的狀態下，婦女能單獨存在達到自由平等的目的嗎？同樣，在求民族解放的抗戰歷程中，若將婦女解放問題忽略不談，則無異強把婦女這支潛伏的偉大力量棄而不用，也就等於替敵人減少侵略阻力，我們最後勝利的途徑不免

要拉得更長更遠，或甚至因而此起了動搖，這樣看來，整個民族解放，確係婦女解放的先決條件。所以必須把握住機會，更努力的動員婦女群眾的力量，匯合到抗戰建國的運動中去，使全國婦女活動的任何方向，皆能與敵人相抗衡，正如第一次世界大戰時，歐美各國婦女一樣「奮勇工作，不計報酬」，那麼抗戰建國成功之時，即婦女得到解放之日。同樣的，我們站在這求人類共同目標及促進最後勝利早日實現的立場上，我們應該積極的發動婦女參加生產，及各部門直接間接助長抗戰力量的工作。誠如蔣委員長在新運六週年紀念廣播講演中所說：「婦女同胞佔全國人口之半，也就是我們整個民族一半的力量所寄。我們需要增加國力，是在大多數女同胞都能動員起來，在家庭，在社會，一齊策動改進國民生活和加強抗戰力量的工作。」蔣委員長其所以對於婦女們的力量如此重視，希望婦女們參加抗戰的心是如此殷切，那是因為從事實上看到獲得最後勝利的艱苦鬥爭中，必須動員全國上下無論男女老少，集體貢獻和利用所有力量，如果要把婦女這支潛伏的偉大力量忽略或棄而不用，正如上面說過的，那是等於替敵人減少侵略的阻力，我們最後勝利的途徑，不免要拉得更長更遠，或甚至因此而起了動搖！

婦女解放前途的幾個暗礁

因此，婦女應該把握住這千載一時的機會，積極的、勇敢的參加偉大的民族解放戰爭，一方面直接間接增加抗戰力量，促進最後勝利早日實現；一方面從各部

門工作中獲得寶貴的教訓，特別是藉此獲得經濟上的獨立，確立婦女解放的基礎。而男子們，尤其在社會上已獲得權位的男人們，更應開誠佈公的加以提倡和鼓勵，大開職業之門，在抗戰第一期的旗幟下，使婦女有機會一革前途苟安逸樂的生活習慣，從艱難困苦中訓練自己，參加直接或間接有利於持久抗戰，獲得最後勝利的各部門工作中去。更加倍努力的為自身解放為民族國家的利益而工作，這樣，才算真的做到了「人盡其才，物盡其用」的地步。然而事實上告訴我們的是甚麼呢？婦女本身倒誠如指導長所說的，中國婦女對於抗戰確有了偉大的犧牲和貢獻，婦女確實認識了婦女解放寄託在民族解放的前提上，而肯加倍努力，這在抗戰三年來固有不少事實證明，我們可以舉出連串的例子。然而客觀環境所給予婦女的又怎樣呢？不惟不肯提倡和鼓勵，相反的，卻不惜予婦女解放前途以嚴重的打擊。高高的舉起了拒絕婦女發展天才和個性及貢獻任何力量的鐵牌，在大家正感覺人力動員不夠應付戰時工作的今日，不惟不給婦女以新的地位，反而將已有地位都要剝奪了去，最顯著的事實，如最近郵政總局發出了一通代電，知照各郵政管理局，限制錄用女職員，交通部及各國立銀行以及許多私人機關等，或公開停用，或暗地拒絕。我們很奇怪，對於婦女地位法律上不是有明確規定嗎？遠如中國國民黨黨綱對內政策第十二條「在法律上、經濟上、社會上、教育上確認男女平等的原則，助長女權的發展。」近則憲法草案上所規定「男女平等」的原則，無一不是開明男女地位的平等。然則像郵局的一紙通電，

豈非公然違反神聖的法律嗎？影響所及，使一般有志向、有勇氣、有才能的女同胞，徬徨歧路。有許多知識婦女既不願將全部精力委之於家庭瑣事中，同時又沒有服務社會發揮所長的機會，以致徬徨苦悶，無所適從。這不僅是給婦女本身以意外的打擊，同時也是國家民族的一絕大損失，在全面抗戰的今日，為甚麼倒反響熱心職業的婦女以閉門羹，寧肯棄擲一部份偉大抗戰力量不用呢？考其原因，不外以幾點：

（一）婦女力量讓薄，工作效力不及男子。

（二）婦女可能工作時間極短，常因結婚或其他阻礙而中途辭職，徒然浪費訓練的時間與費用，且使當事者急用人時之苦。

（三）抗戰期間，開支緊縮，無餘資為少數女職員另置設備。

（四）抗戰期間，機關重移四遷，生活不安定，不適於女職員，尤其窮鄉僻壤間，對於女職員之調邊，殊感困難。

（五）女子天性，適於家事育兒等，不應佔住男子的職業位置。

五點錯見解，一個個總駁斥

以上五點，皆能言之成理，但仔細分析，實有些近乎逆時代需要的偏狹的自私。關於第一點，事實上，不少女不如男的顯明例子，但是我們要問女子工作能力為甚麼會不如男子？這是無法補救的嗎？我們知道男女天生的智力，據多數科學家實驗結果，並無上下優劣

之分，例如美國婦女界翹楚加登奈爾夫人（Mrs. Helen
Gardener）曾任美國內政部的職事，其腦重據柏佩茲博
士（Dr. James W. Papez）實驗，計重一千一百五十格蘭
姆，恰好和創辦康奈爾頭腦研究社的魏爾德博士（Dr.
Burt Green Wilder）的頭腦重量相同，實為最優等的腦
質，此不過為任舉其一之實例，其他有力證明，殊不勝
枚舉。似此男女智力並無優劣之別，要有優劣之別的
話，只不過是人與人間的差別，而不是性別間的差別。
其所以事實上男女體力有優劣之分者，實大有時代、社
會、環境、風俗等關係摻雜在內，決不是僅僅女子體力
關係。古來女子很少得發展才幹的機會，大半一生都被
消磨在生育撫養的工作上，智力似乎無處發展，也隨之
而消滅了，同時人類都有惰性的，女子在安閒舒適的家
庭小天地中生活慣了，幾千年來遺傳下來的惰性，根深
蒂固的潛藏在每個女性的血液中，一時自然不容易改
變。站在人類共謀合理的社會生活底立場上，對於這種
因客觀環境造成的罪孽和毒素，只有抱無限的同情和剴
切的勉勵，絕不會應該對於不合理的社會制度下的犧牲
者，反加以苛刻的要求與無情的鄙棄。況且這些弱點只
有假之以時日與機會，使之在男女工作能力競爭氣氛中
慢慢革掉，雖然，多受教育，是醫此弱點的方法之一，
但實際上一個人一年的實際經驗，比較多年的研究所得
的更多。婦女永遠不會受到教育，工作能力也許永遠趕
不上男子，除非男人們給她們一種負責的機會，所以
給婦女的職業機會對於克服婦女的弱點上講，是非常需
要的。

關於第二點，也確是使機關當事感覺麻煩的所在，因為用去一部分人力和財力，訓練一批工作人員！這工作技術剛達熟練可以勝任負責之時，忽因結婚而離職他去，或因家事生育之牽累，不能不按時請假。這些均直接予當事人以各種麻煩，對機關整個利益上講，也不能不說是一種多餘的損失，苟能乾脆不用女職員，豈不是能避免許多麻煩麼？因此一念之差，遂不惜實行拒女職員於千里之外。其實只要我們看看蘇聯婦女工作的情形，與婦女參加社會服務以後的成績，便知道這種似是而非的觀念，表面上似乎能避免麻煩，彌補損失，實際已陷於偏狹自私的錯誤中，不外為一種因噎廢食的謬舉。因為拒絕錄用女職員，固可彌補少數機關財力上及工作效能上一部分損失，殊不知卻因此而廢棄了二分之一的民族力量。這種損失才是民族國家的絕大損失，尤其在人力財力物力一絲一毫都須設法利用的抗戰時間中。我們為避免無關大要的麻煩和損失，因而不惜棄二分一的民族力量於不顧呢？還是應該以民族國家為前提，忽略小麻煩和小損失而善用那民族二分之一的大力量呢？

其次談到第三、第四兩點，我們只能認為是當事人不視察事實的誤斷，和對於女子姑息太甚的結果，否則即為一種故意抹煞事實的藉口。誰都承認自抗戰以來，若干被認為不能擔任艱難工作的婦女，在抗戰期中的前方後方大後方，都有了驚人的工作成績表現。上前線工作的團體，有廣西女子軍，湖南婦女戰地服務團，西北婦女戰地工作隊，以及許多不知名的團體和各部隊中

的女政工人員，都是武裝的上了前線，出生入死的在鎗林彈雨之中，擔任宣傳慰勞發動民眾等工作，並且卓然獲得了極大的效力。即在後方亦不少熱血婦女，擔任了直接間接對於抗戰有利的艱鉅工作，奔走呼號，不遺餘力，這支不可侮的民族解放戰爭的堅強力量，不是出人意外的麼？不是出自所謂「身體荏弱，不便調遣」婦女麼？然而一般固執成見或者說自私自利的人，偏要抹煞事實，硬說女職員不能忍苦耐勞，而作為一種拒絕錄用的藉口。

　　至於第五點，所謂婦女天性適於家事育兒等，實與「身體荏弱，不便調遣」犯同樣的錯誤，或者亦可謂為「讓位」的故意口實。我們知道一個婦女是有雙重人格的──女性和個性。我們承認女性在某些事情上確比男性更適於家事，但婦女能力所及，就只能以家庭為限麼？就不能利用其餘大部份時間於發展個性為社會服務麼？限制的影響所及，不僅使婦女大部分有用之材，徒然消磨浪費在無可施展家庭瑣事間。同時，使熱情有志的女子，將視家庭為埋沒個性的墳墓，視結婚為抹殺才識的畏途，這不唯是當前抗戰力量上的損失，而且也是將來民族生命持續上一種可怕的危機。這種損失的危機，我們應盡可能的避免。因此，我們青年女子要求有一個自由發展她的這個雙重人格的機會，正如陳衡哲先生說的，「假使一個女子有天賦的機械天才，我們便不應該，因為工程是傳統的男子職業，便反對她去學；同時，假使一個女子的天才是在治家與育兒之上，那末我們正也不必因為擁護女權之故，而反對她去做一個賢母

良妻……。我們不反對女子去做女子的傳統事業，也不反對女子去做傳統的男子事業，我們唯一的信條是：「發展每一個人的天稟才能，使她能成為一個最有益的社會勢力。這才是平等的真諦。」

果然男子失業是因為婦女佔去了位置麼？婦女的讓位就可以解決男子的失業問題麼？我們知道抵禦失業的唯一有效的方法，是國家生產力的恢復，根據三民主義的實施，我們對實施解僱女子的問題，必須加以十分小心的研究，我們要將每一件事單獨的解決，不要問被雇者是男是女，只有問要的程度如何。只有這樣一種態度，才能把女職員保留在我們的組織以內，防止共同力量的分裂。所謂把婦女職業地位退讓出來給男子，不外為「割肉補瘡」的辦法；況婦女所佔的位置並不多，對於失業問題，真是杯水車薪，羅斯福夫人說得好：「工作是任何人類的基本權利。」婦女她本就沒有讓位的義務。她又謂：「最要緊的是如何來開拓更大的職員領域，而不是把這一部份人的職業位置奪回來給另一部分人去。」我們更應該知道社會上職業需要的對象是「才」不是「人」，男子有這種職業需要的才能，就可以去服務，女子有這種職業需要的才能，也就可以去服務。職業分配的標準，只是男女適當與不適當，而不是男女的應不應該，這一點我們還可以引蘇聯為圭臬，看看他們和她們共同努力的成就，便知道我們這種論調，不是出自無理的吶喊，而要女子回家庭讓位給男子的論調，只是背理的逆潮流的一種「割肉補瘡」、「捨本逐末」的勾當而已。

癥結的所在和反省的必要

以上所謂排斥女性於職業圈外的五個理由，都是事實，但都是些歪曲的藉口，歸納起來，實不外為下列兩個基本原因：（一）社會傳統觀念的桎梏，（二）由於婦女本身的不爭氣。

一般人仍脫不了男尊女卑的陳腐論調，以為女子終不過是一個女子，雖然在時代的激流中，世界各國婦女曾表現了偉大的潛力，可是這還不足以使那些固執成見的人，站在「人」的立場，對婦女改變一些不尊重的觀念，這是婦女解放途中的障礙，也是我們人類達到合理的社會生活途中的障礙，更是我們現階段中華民族獲得最後勝利的一種不可否認的魔障。這種社會傳統觀念的桎梏不除，婦女固然得不到解放也因之而生了問題。

其次，要輪到婦女反躬自問的時候了，中國女權可說已有二十幾年的歷史，比起歐美各國從艱難困苦的奮鬥中得來的一些成就，實在我們的獲得也太輕而易舉了。可是我們反躬自問，我們充分的利用了這些優越的情勢沒有？我們所表現的不僅不能使男性滿意，恐怕自己也感覺不滿吧！我們承認婦女生理上和心理上許多缺點，並不是先天的，而是由於幾千年來不合理的禮教桎梏下所產生的結果。這種由客觀環境造成的惡東西，似乎不應由我們婦女負責，但時至今日，我們應該深切的反省，應該忿恨這種惡果的存在，設法讓它在時代的激流中，自身革新的鐵律下消除，日新又日新的培植我們做一個「人」的基本任務，時常檢討一下自己，對於所服務的事業是否忠實？是否盡了最大的努力？因為事實

上也有一部份婦女對業務視同兒戲，我們必須用能力爭取我們做「人」的地位，決不能用任何托詞，苟且敷衍來維持我們的職業地位，我們也決不能有半點的不良行為給人以口實。

爭取合理的社會生活，是我們最低限度的要求與立場

最後，願引一段名言，作為固執成見的先生們一種有力的警告，同時作為有志婦女一個努力奮鬥的有力原則。民國二十六年六月上海國際問題研究會開會時，蘇聯駐華大使鮑格莫洛夫出席演講。談到蘇聯的新憲法與婦女，曾稱：「……站在任何關心己國福利的任何政治家立場看來，限制他人口百分之五十的經濟或政治的動力，不但是不公道，簡直是愚蠢。一個國家只有在每個男女均處於平等地位，每一個公民均有同樣的發展個人的才能的機會，才能得到國家全部的發展。」這真不愧為一位社會事業經驗者的至理名言！往往一班人只看到趕婦女回家庭去的片面利益，而忽略了因此所產生的成果。記得美國有位新聞記者去請教女界名人喀爾文夫人：「為何有這許多家庭破裂了？」她的答覆是：「因為普通具有才智的新式主婦，她們空閒時間太多，而工作卻太少，近代的家庭設備使她們免去了下廚的瑣事，餘下很多時間，但是她們苦於沒有機會把這些有用時光，用到有益的事上去，因此她們都變成了厭煩的人；而厭煩的婦女，決不能做好的妻子的。」的確，要訓練婦女成為一個好妻子好母親，也不是死閉在家庭中能夠成功的，必須給她一些實際負責的機會，否則徒然替社

會造些不知生命價值的動物，那是一無用的，西洋各國所以能有一日千里的進步，日躋富強的境地，全靠他們國中的份子，一個個都有實在的能力，這種實在能力，又都有貢獻的機會。

綜上以觀，作者在此，站在婦女的立場，得平心靜氣的作個最剴切的申明，我們要爭取職業地位，不是要煽起階級鬥爭，更不是要作兩性間的鬥爭，我們只是覺得，由於舊有傳統視念的桎梏，將半數國民，變成徒供玩弄的木偶；這個影響不僅是婦女自身蒙受其危害，實在是我們國家極大的一個損失。我們應該動員婦女群眾和二萬萬二千五百萬男同胞，同站在一條戰線上，構成一股長期抗戰的洪流，促成最後勝利的早日實現，從民族解放戰爭中獲得婦女解放，更進一步，與全人類共謀「合理的社會生活」，偉大的目標的實現，這確是我們最低限度的要求與立場！

（《湖南婦女》，第 2 卷第 2 期，1940 年 8 月）

郵政總局通代電

為暫訂限制錄用女性職員辦法，電仰知照，由各區郵政管理覽查郵局事務，如收寄包裹運輸郵件等工作不適於女性，且人員調遣頻繁對於女性職員亦有不便，在此非常時期，郵政業務益形繁劇，各局支配女性職員之工作頗感困難，茲奉交部核准暫訂辦法四項如下：

（一）各區錄用女性職員以管理局及一等局為限。

（二）各管理局與所屬各一等局女性職員名額，至多不得超過各該局全數人員之百分之五。

（三）如女性職員已達上項規定名額，則於招考人員時即以男性為限，倘女性職員亦有缺額時可予兼收。

（四）已嫁之女性不得報考，其入局後結婚者則於將屆結婚時予以裁退，合行電仰知照，嗣後各區考用女性職員應遵照上述規定辦法辦理，惟在奉到本通代電以前入局或曾經考試及格之候補女性職員，不適用上述第二、四兩項之規定，其在奉到本通代電後考用之女性職員，將來結婚時均應事先呈報不得隱瞞，否則一經查出即予辭退……。

（《上海婦女》，第 3 卷第 8 期，1939 年）

上海郵局奉總局一三二號半公函後之局令

　　令各股長為令知裁退不稱職之女性職員由，案奉郵政總局本年九月二十二日第一三二號半公通函開「查關於限制錄用女性職員辦法，業經第七三五號通代電規定在案，茲因非常時期，郵政事務遂形劇增，各處女性職員，所任事務，是否稱職，應隨時查察，凡有履行職務未能滿意者，可按章呈報，予以裁退。」等由，奉此，合行令仰知照，各股長應即查明所有各女性職員是否稱職具報候核。此令

　　　　　　　　　　中華民國二十八年十月十一日。

　　（《上海婦女》，第 3 卷第 9 期，1939 年）

渝郵務工會婦女協進社成立致各郵區女職員之電文

全國郵區各女同志鑒：當此英武將士浴血疆場，後方民眾團結一致加緊本位工作以求最後勝利之際，乃郵政當局不惜分散後方群力，而歧視女職員之文電，紛至沓來，諸多藉口橫加限制，若任其創而行之，則剩餘女性在此抗戰期間應往何處去？按此次抗戰其嚴重性不亞於第一次歐戰，彼時各國對其女國民如何認真訓練及扶植其服務技能，以代男性各項工作，我當局應竭力傚效之不暇，乃不此之圖反加摧殘，不知究何用心？敝會為個人計，為國家計，爰於九月二十一日成立，誓與此周旋到底。貴區各同仁想必同感，希即聯合陣線齊一步伐，反抗一切不平等規定，掃除男女平等之障礙。想郵政當局不乏有識之士，不致長此為一、二迂夫偽士所操縱也，事屬切身，應即奮起，但茲事體大，關於工作之進行，還請相互響應並希及時指導，除向當地工會及婦女界籲請援助外，特電奉聞。

重慶郵務工會婦女協進社叩

（《上海婦女》，第 3 卷第 9 期，1939 年）

上海郵務工會女職員呈工會文

為呈請遞呈總工會轉向郵政總局交涉，撤消限制錄用女性職員辦法由案奉上海郵政管理局本年十月二日第四五三八號局諭內開：「案奉郵政總局本年九月十八日第七三五號通代電開：「查郵局事務，如收寄包裹運輸郵件等工作，多不適於女性，且人員調遣頻繁，對於女性職員每有不便，在此非常時期，郵政業務益形繁劇，各局支配女性職員之工作，頗感困難。茲奉交部核准，暫訂辦法四項如下：

（一）各郵區錄用女性職員，以管理局及一等局為限。

（二）各管理局與所屬各一等局女性職員名額，至多不得超過各該局全數人員百分之五。

（三）如女性職員已達上項規定名額，則於招考人員時即以男性為限，倘女性職員出有缺額時可予兼收。

（四）已嫁之女性不得報考，其入局後結婚者予以裁退……等因，奉此，合行諭仰知照。」等因，奉此，會員等閱悉之後，惶慮莫名，正擬訴請鈞會向當局交涉，復聞上海管理局局長接得郵政總局局長半公函，略稱：女性職員如有服務不稱職者，即可予以裁退，現已轉飭各股組長查明呈報云。是故會員等更不能安心工作，查此項限制女性職員辦法，不特破壞郵政歷來考試向例，且更違反考試院頒布之考試法，且會員等以同等資格錄用，何得橫加歧視，況當戰爭爆發之際，工作繁忙，倍於平日，會員等奮勇從公，從未稍怠，工作效率，並不遜於男性職員，此可稽諸事實。今當局橫加歧

視，剝奪會員等應享之權利，會員等今後地位隨時有動搖之可能。素仰鈞會以維護會員權益為己任，敢將不平之情，臚陳如下：

（一）限制錄用女性理由，謂郵局事務，如收寄包裹、運輸郵件等工作多不適於女性，此實少數思想頑固者之偏見，與事實並不符合，即以上海為例，如收寄大宗小包郵件等工作，目前亦有女性職員擔任，可見收寄包裹等事務，並非不適宜於女性，且收寄包裹、運輸郵件等工作之人員數僅佔全部人員之什一，縱有女性不適於此項工作，亦無規定女性職員不得超過人員總額百分之五之理由。況女子同屬國民，矢志從公，一切自以公務為前提，祇求有利於國家社會，雖赴湯蹈火在所不辭，胼手胝足豈所顧惜，所謂女性不適於收寄包裹及運輸郵件工作毫無事實佐證，此呈請轉向總局交涉，收回成命之理由一也。

（二）按照限制錄用女性職員辦法，已嫁之女性不得報考，其入局後結婚者，則於將屆結婚時予以裁退，其意女性結婚，則應令失業，欲保職業，則應令獨身，事實上已婚女性之工作效率，並未遜於未婚者，此可徵諸員工作成績報告，雖女性因生理關係，生育時不得不請產假，然在人道及民族生存之立場上言，自不能認為一種損失，且女子結婚後，負擔勢將較重於未婚時，反使失業，豈得謂平？至於職業婦女應令獨身，此豈為國家民族前途作久遠之計者，此其二也。

（三）至謂人員調遣頻繁，對女性職員亦有不便。查上屆上海局錄取人員中，女性應調赴西南服務者與錄

取額作比例，其成數反較男性為高（女性錄取名額佔全數十分之一，應調赴西南者佔奉調人員全數四分之一），此實足為女性職員不便調遣最有力之反證。

（四）在此非常時期，抗戰建國事業艱鉅，凡屬國民，均有責任，我最高領袖，諄諄以動員全國一切人力，物力爭取最後勝利，誥誡國民，當不能將佔全國人口半數之婦女力量，蔑棄不顧，且婦女同屬國民，理宜竭盡所能，貢獻國家，豈可無故歧視，阻塞女子報效國家之途，此其四也。

綜上所陳，務懇鈞會轉呈全國郵務總工會迅向郵政總局交涉，收回成命，將該項暫訂限制錄用女性辦法，予以撤銷，以後對於男女職員須一視同仁，不得加以歧視，以昭公允，而維女權，並懇鈞會轉呈上海當局，顧念公道，予以切實保障，臨呈不勝迫切待命之至。

謹呈上海郵務工會　轉呈　全國郵務總工會

上海郵務工會女職員叩　十月十六日

（《上海婦女》，第 3 卷第 9 期，1939 年）

上海郵務工會女職員響應渝郵務工會婦女協進社電文

頃奉東川郵務工會婦女協進社快郵代電文曰（原電見前）等因，本區同人對於當局之蔑棄律法，摧殘女權，憤慨同深，切膚同感，誓當竭盡全力爭取平等地位。除以電達參政院及交通部，籲請維護女權，主持公道，並呈請當地郵務工會轉呈全國郵務總工會，迅向昆明郵政總局請求撤銷第七三五號通代電及第一三二號半公通函外，尚祈全國郵區各女同仁統一陣線，整齊步伐，力促當局早日收回成命，俾全國郵區女性職員均得安心服務。謹電，奉聞上海郵務工會女職員第二十七、二十九兩特別組印。

（《上海婦女》，第 3 卷第 9 期，1939 年）

郵局停招女性滬婦女界反對

婦女工作忠實勤慎　電請當局收回成命

　　關於上海郵局招考初級郵務員，因奉郵政總局令，以不便調遣，暫不招收女性事，各界均極關注，茲將郵政總局暫訂限制錄用女性職員辦法，及上海婦女界為此事向當局呼籲維護職業女子之電報，暨郵政總局解釋暫停招考女性之覆電，分誌如次。

限制辦法：

　　郵政總局通電為暫訂限制錄用女性職員辦法原文云：各區郵政管理局覽，查郵政事務，如收寄包裹、運輸郵件等工作，多不適於女性，且人員調遣頻繁，對於女性職員，亦有不便，在此非常時期，郵政業務，益形繁劇，各局支配女性職員之工作，頗感困難，茲奉交通部核准，暫訂辦法四項如下：

一、各郵區錄用女性職員，以管理局及一等局為限。

二、各管理局與所屬各一等局女性職員名額，至多不得超過各該局全數人員之百分之五。

三、如女性職員已達上述規定名額，則對於招考人員時，即以男性為限，倘女性職員出有缺額時，可予兼收。

四、已嫁之女性，不得報考，其入局後結婚者，則於將屆結婚時予以裁退，合行電仰知照，嗣後各區考用女性職員，應遵照上述規定辦法辦理，惟在奉到本通代電以前入局或曾經考試及格之候補女性職員，不適用上述第二、四兩項之規定，其在奉到本通代

電後考用之女性職員將來結婚時，均應事先呈報，
不得隱瞞，否則一經查出，即予辭退。

致交通部：

交通部張部長鈞鑒：竊以提倡婦女職業，向為黨國所重
視，故上自政府各機關，下迄銀行公司工廠商號，莫不
有我婦女為之服務，而我婦女服務之忠實勤慎，實不亞
於一般男子，尤其在此非常時期，或不辭勞瘁，努力於
本位，或不避艱險，跋涉於遐方，群以有利於國家，有
利於社會為前提，頗為有識者所嘉許。初不料上海郵政
儲金匯業局一二腐化份子竟倡議仿效已易幟之江海關辦
法，停用已婚女職員，謂可節省各項產假薪給。事為報
章揭載，畏彼評論，遂寢其議，詎知不旋踵上海郵政管
理局尤而效之，於此次續招初級郵務員之際，不許女性
參加報名，所持理由，無非以婦女憚於遠行，恐礙調
遣。殊不知我婦女界之能冒險耐苦，已如上述，而該局
必欲設詞阻塞其前進之路，偏見淺識，誠不可解，顧此
惡例一開，不但影響於我婦女界之職業前途，且與政府
戰時積極提倡婦女職業之意相背，素仰我鈞座維護婦女
職業，不遺餘力，用敢冒昧陳詞，籲懇俯賜垂察，主持
公道，飭主管各機關今後不得藉故拒用女性，已婚未
婚，應一致錄用，並請迅令郵政總局准女性參加此次滬
地初級郵員考試，俾維一線生機，臨電無任惶悚待命之
至，上海婦女界叩寢印。

致總局電：

昆明中華郵政總局郭局長鈞鑒：此次滬局招考初級郵務員，稱奉貴局命令，因不便調遣，暫不招收女性云，查前次該局招考郵務員時，曾以同樣理由呈貴局請不招女性，為貴局所駁斥，而上次考取之女郵務員，已踴躍就道，往西南服務，無絲毫不便。竊此種措施，不但破壞郵政考試法，且與政府戰時積極提倡婦女職業之意相背，敢特代表全滬婦女，請貴局本一貫主張，收回成命，臨電不勝迫切待命之至，上海婦女叩漾印。

總局復電：

上海婦女界公鑒：漾電奉悉，此次滬郵局招考郵務員，係為分派西南各地辦理郵件運輸等事務。該項工作，迭據各郵區報告多不適宜於女性，故不得不暫停招考女性，相應電覆，尚希亮鑒為荷，郵政總局滇寢印。

（上海《申報》，1939 年 10 月 9 日）

上海郵務工會令該會女職員

今二十七、二十九特別組呈悉。當經提出本會第五十八次理監事聯席會議議決據理力爭，轉呈全國郵務總工會向郵政總局交涉務必收回成命，並通令各地友會一致響應等情，記錄在卷。除已據情轉呈總會積極交涉外，合行令仰知照，靜候解決。此令

上海郵務工會　十月十日

（《上海婦女》，第 3 卷第 9 期，1939 年）

致蔣夫人暨史、吳諸先生電

重慶蔣夫人美齡先生暨史良、吳貽芳、劉王立明、鄧穎超諸先生鈞鑒，竊以提倡婦女職業向為黨國所重視，故上自政府各機關，下迄銀行公司工廠商號莫不有我婦女為之服務，而我婦女服務之忠實與勤慎實不亞於一般男子，尤其在此非常時期，或不辭勞瘁努力於本位，或不避艱險跋涉於遐方，群以有利於國家有利於社會為前提，頗為有識者所稱許。初不料直屬於政府之機關如海關者，竟有不錄用已婚婦女之慣例，驅使服務海關之姊妹為職業而懼於婚嫁。邇者上海郵政儲金匯業總局一、二腐化分子，竟呈請港地郵儲總局，請准此後不招已婚婦女而竟獲港局之批准，因礙於眾議尚未將局諭發表，惟待群議緘默之時，則該局定將施行此種乖悖之辦法。最奇者莫如上海郵局之措施，今年六月份該局招考郵務員時，即以女性往內地服務不便為理由，呈昆明郵政總局請准不錄用女性，因各方反對，昆明總局其時亦覺理由欠充分，不允所請，而婦女始得參加考試。該次考試共錄取郵員四百餘名，女性占十分之一，四十名左右，嗣總局來令調該次錄取之郵員往內地服務，應召者為一百二十名，女性占四分之一，約三十名左右，就比例言，女性應召赴內地者實較男性為踴躍，詎此次滬地續招初級郵務員時，該局稱奉總局令，因不便調遣，不招女性云。總局固一總局，何前後言行不符如此，此實滬局蒙蔽上級，上下其手所造成也。上述各機關之乖悖設施，直欲屏婦女於職業之門之外而甘心，其行動之乖悖固不待言，而其心更不可測也，誠恐此種惡例任其

存在，其他機關亦將仿效，則我婦女於職業界上真無立足之地位矣。素仰先生等為黨國先進，女界領袖，懇請就地呼籲，此次滬地郵局招考郵員，考期為十月二十一日，為期不遠，故懇請聲請主管機關迅速予以糾正，並祈呈請政府明令各機關此後不得藉故拒用女性，已婚未婚應一致錄用俾維婦女職業，而使婦女有為國服務之機會。臨電無任惶急待命之至，上海各婦女團體聯合辦事處寢印。

（《上海婦女》，第 3 卷第 8 期，1939 年）

致昆明郵政總局電

昆明中華郵政總局郭局長鈞鑒：此次滬局招考初級郵務
員，稱奉貴局命令因以便調遣，暫不招收女性云。查前
次該局招考郵務員時，曾以同樣理由呈貴局請不招女
性，為貴局所駁斥，而上次考取之女郵務員已踴躍就
道，往西南服務，無絲毫不便。竊此種措施不但破壞郵
政考試法，且與政府戰時積極提倡婦女職業之意相背，
敢特代表全滬婦女請貴局本一貫主張，收回成命，臨電
不勝迫切待命之至，上海各婦女團體叩漾。

（《上海婦女》，第 3 卷第 8 期，1939 年）

昆明郵政總局復電

女青年會職業婦女部並轉中華婦女節制會等十二團體公鑒，漾電奉悉，此次滬郵局招考郵務員，係為分派西南各地辦理郵件運輸等事務，該項工作迭據各郵區報告多不適宜於女性，故不得不暫停招考女性。相應電復，尚希亮鑒為荷，郵政總局滇寢叩。

（《上海婦女》，第 3 卷第 8 期，1939 年）

再致昆明郵政總局電

　　昆明郵政總局寢電敬悉，承示滬郵局此次招考郵員係為分派西南各地辦理運輸事務不適於女性，故暫停招女性，本會等本應仰體當局因時制宜之計，不應再事厚非，惟此次招考郵員人數達二百名之多，如云皆為用之於西南運輸事宜，似於情理不合，即云運輸事宜亦不見如何不適宜於女性。內地固有不少婦女從事於流動工作，或以報國為念輾轉於戰場上為戰士服務，或迫於生計作擔負之工作，是本會等對鈞局寢電所示不敢苟同者也。復見報載鈞局近頃通電各郵局管理局規定錄用女性職員以管理局及一等局為限，名額不得超過全數人員百分之五，已嫁之女性不得報考，其入局後已結婚者即予裁退之云云。此種辦法自本會等視之乃為進一步之限制女性辦法，亦與寢電所示意旨不符合，有永久性的拒用女性職員之顯示。我女性之能力已如前電所陳，其能報考者自必具有堅忍不拔之志力能擔任一切，否則決不敢輕易嘗試，至於已婚女性之工作效率未必就見減退，鈞局所訂此種限制辦法，未免偏於理想抹煞事實，本會等誠難緘默，用再電懇鈞局電令上海郵局，此次郵員考試准女性應考，並請俯允群情收回上述之暫定限制錄用女性職員之成命，以維婦女界之正當職業，無任感禱並盼電覆。

上海婦女界叩

（《上海婦女》，第 3 卷第 8 期，1939 年）

浙江郵政管理局女同人致全國郵務女同胞書

全國郵務女同仁：

　　這是使我們萬萬料想不到的，當在這爭取民族解放抗戰中：我們的領袖大聲疾呼著人無分男女老少；地無分東西南北，一致努力為抗戰建國的今天，突然接到了總局歧視女性的第七三五號通代電，訂定招收女性職員加以百分之五之限制：對於已婚女子不得投考，既入局後屆結婚時即予裁退的辦法。這是使我們多少驚異和恐怖，誠然這通代電注明不適用於已入局的女性職員，但我們決不因了與我們無直接利害關係而緘默，我們要為未來有志於郵務的女同志們呼籲，同時，我們不能擔保是否在這種情形之下，我們自念會不再受當局的變相底排擠！事實告訴我們「決不！」最近又聽到總局發來半公通函內云辦事不力之「女性」職員，立予呈報裁退，並飭各股嚴格查明呈報的消息，這可以說，鐵一般的事實證明在我們的目前，如再沒有反應，我們的未來，更不堪設想，為什麼總局特別提出「女性」職員，是否「男性」職員辦事不力可予通融，同志們！我們再也忍受不了這種苛刻的歧視，我們要求總局對於男女職員一視同仁，但以工作效能為標準，可無問其性別之或男或女。同志們！我們決不能延緩；不然，我們還會接到更苛待的公文呢！

　　先總理倡導革命，為一切被壓民眾求解放，關於女子解放問題，也由於先進婦女界的努力，及總理的援助，才於革命完全後，得到法律上規定政治、經濟、教

育地位的平等，而蔣總裁對於提倡男女平等一節也不遺餘力。女子這二十餘年中，掙扎自強，也漸漸轉入嶄露頭角的時候，自抗戰軍興以來，女子參加前後方各項輕重工作，成績也很顯著，尤其在這男子上前線殺Ｘ的時候，應該極力設法使在家庭的女子，都出來擔負社會工作，替代男子職位，作男子後盾，但何以總局反在這時候對一向平等待遇的女職員，加以歧視，真使我們萬思不得其解，至於總局以女職員不能勝任運輸郵件工作及調遣不便當為最大的藉口。可是，只要略加思索，就覺得這不是絕對的理由，女性職員而雖有些體格較差於男性職員，但不可以斷言，女性職員中沒有一些能幹運輸郵件工作的，反之男性職員中難道人人都是宜於是項工作，當然各人有各人的短長，應該視才具而支配。對於調遣方面，更不成問題，我們完全任憑著賢明的當局酌量派調，從沒有違命情事，更且兢兢然，努力於工作崗位；也從沒有潦草塞責，至於我們進局時，也和男同事同樣經過考試和體格檢查而錄取，也不曾受到某種優待，為什麼現在反加歧視？同志們！我們真的再也忍受不了，我們要求當局對於入局考試及員工之賞罰，不分男女性別，一律平等待優，更不可苛待結婚女子，使結婚後就失了她服務於郵政事業的機會。本區同人，已於十月七日呈請浙江管理局轉呈總局，希望各區同志，一致響應，予以聲援。

　　同志們！全國服務女同事數目實在太少了，平時我們又沒有聯絡而發生力量，所以現在遇受到這種不平等的待遇。但時候不遲，同志們，「打擊」予我們「團

結」，我們團結成一座鐵的長城，整齊起步伐，為了要求社會底一切地位的平等而前進！奮鬥！！甚至於犧牲！！

起來！是時候了！同志們！為了自己及姊妹們未來的幸福，我們不能再在苟安中偷生，光明是在黑暗中掙扎出來的，同志們！我們大家努力，不然，宰割就在目前，滅亡就在頃刻！！

這兒，我們還要附告的，是浙區女同志們現在已有了切實的改進，對於公務小心負責，對於私生活方面互相真誠批評和檢討，切實改正，我們希望各區女同志也能給我們很好的消息，並常有和我們團體或和私人的通訊與聯絡。

最後，致

女子解放的敬禮！！

浙江郵政管理局女同人謹啟（民二八年雙十節）

（《上海婦女》，第 3 卷第 11 期，1939 年）

上海婦女界再電交通部

交通部部長鈞鑒：滇郵政總局所訂限用女職員辦法公佈後，輿論譁然，此項辦法，不特有失公允，亦且違反時代潮流國家法令，請速即轉飭該局則日取消，以資救濟，上海婦女界，各團體叩江。

（《上海婦女》，第 3 卷第 11 期，1939 年）

上海婦女界再電蔣夫人請主持正義

蔣夫人鈞鑒：竊自抗戰軍興，夫人領導全國婦女參加工作，奮勇努力，貢獻殊多，此次郵政當局公佈限用女郵員辦法，實違背男女平等之原則，我婦女界在所必爭，夫人為我全國婦女之領袖，值此工作頻繁之際，對於有關全國婦女切身利害之職業問題，想亦同蒙關切，謹此電懇，敬乞主持正義，轉請郵政當局速即取消是項不平等待遇之辦法，婦女界幸甚，上海各婦女團體叩江。

（《上海婦女》，第 3 卷第 11 期，1939 年）

福建女郵員告全國郵政女同工書

中華郵政全體女同工：

　　是時候了！容不得我們再姑待，我們應當趕速地整齊我們的步伐，作一個有力的表示，來爭取我們前途的保障，與未來女郵工的待遇，一個團體的力量有限，許多個團體的力量集合起來，才顯得是堅強的有力的。

　　這次，突如其來的，總局於第 735 號通代電之後，繼之有半公通函之發出，前者在表面上看來似乎是跟我們無直接利害關係，但仔細分析起來，限制女職員之投考，與錄取女職員之限額（百分之五）不是明顯地告訴我們郵政當局在排斥著女同胞們，而不容我們插足的嗎？！直截了當地說，是封鎖我們新的力量之輸入，以削弱我們的集體力量，這是不可關聯到我們已入局的女同工嗎？！而後者，更明顯地告訴我們，對於已入局的女職員之前途，總局是不予以保障，儘可以「不稱職或辦事不力……」等含混詞語……「立予呈報裁退」。究竟這「不稱職」的範圍，將以何為標準？「辦事不力」的罪名，將以何為根據？此無非對於已入局的女職工可以廣泛的加以「不稱職或辦事不力……」等字樣逐漸地予以各個消滅。這末一來，郵政的女同工，竟不如一個臨時的僱員了。因為一個僱員，不能稱職的時候，但為著缺乏人手起見，有時也不得不權充職務？！何況，我們之考取郵政是正正當當地被錄，跟男郵工受過同樣的體格檢查、智力測驗、面試等階段，何以卻偏待我們女職工呢？！──辦事不力之男職工，是否同樣的「予以裁退」？！通代電可說是「封鎖政策」而半公通函可喻

為「掃蕩計劃」！我們想不到，際茲暴人侵入的血的教訓中，我們的當局卻不能免除這性別的觀念，實現我們總裁所說的：「人無分男女老幼」，一致聯合起來，而實施行變相的「封鎖政策」與「掃蕩計劃」，以期擯女同胞於郵界之外，言之實堪痛心！

歐戰的時候，男子都到前線去，留在後方的繁重工作均歸女子一手負責，到戰事結束之後，事實證明了女子作工的能力並不弱於男子，有時且超過之，這是的確的事證，誰都得承認女子是能幹的，況且我們的先總理，我們的總裁都在極力地提倡男女機會均等，在各部門的工作中都予以儘量的收納，在這女聲高呼中我們的郵政當局，竟有若是之半公函？！若是之通代電？！真是不解，但至少，郵政當局是在注意我們女同工了。

回頭，我們自己總想一想，到底我們是不是一個真正的「公務員」？在工作的時候，在工餘的時候，我們的任務是什麼？我們的行徑怎樣！究竟我們是否負責！是否肯幹？固然，我們的體力因為生理的關係，有時不能勝任運輸繁重郵件的工作，然而，在「分工合作」原則之下，儘可以依著各人的能力，努力於各部門的工作，何況有些女同工，她們的體魄，非但不弱，而且還遠勝於男子，誰說她們不能擔任運輸？！至於調遣方面，更不成問題，我們並沒有請求當局永不調遣。

同工們！我們的普遍情形既如上述，那末我們的當局對於我們之歧視，我們真是容忍不了，我們應當趕速地整齊我們的步伐，作一個有力的表示：我們要求當局對男女職員一視同仁，以工作效率為標準，予以均等

之前途保障，對於招考職員，應按考試成績之優劣而定取捨，不加任何限制，更不可以結婚與否決定女職員之去取。同工們，一個團體的力量有限，許多個團體的力量集合起來，才顯得是堅強的，有力的，我們各個的前途，未來的女同工的待遇，都得我們各個的力量集合起來，共同負起責任作爭取，黑暗的背面，才是真正的光明。

最後，我們的表示是：一面呈福建郵政管理局轉呈總局收回成命，一面另呈福州郵務工會請竭力贊助爭取，更希望各區郵政女同工，一致響應，掙扎奮鬥，以達到我們的機會均等，與女子真正的解放！！

福建郵政管理局女同工謹啟

二十八年十一月一日

（《上海婦女》，第 3 卷第 11 期，1939 年）

婦女職業的過去與將來 　　　　夏之仁

一、引言

　　婦女職業問題，有正面和反面的見解，意見既經分歧，理由也就帶著濃厚的主觀性，但是一顧世界各國的趨勢，對婦女職業，不僅都在作深切的注意，並且同時還掀起了男女職業平等的巨波。我國在過二、三十年中，女子力謀解放的呼聲已瀰漫全國，一般先覺的婦女們都明白了女子對於國家有與男子同樣的重要，對國家負著同樣大的使命，應該從征服的地位起來，起來居於與男子平等的地位，以效力國家同社會。同時，她們也深切地覺悟到以往女子之所以一切得仰仗於男子，聽命於男子，完全由於她們自身的缺乏經濟能力，不能謀獨立生活的原故，經濟獨立原是女子求解放的捷徑，女子應該從家庭裡出來，攫取職業，因為職業才是婦女運動的原動力，在民十三天津婦女國民會議促成會的成立宣言中，曾經提出過十一條特殊的要求，內中有這樣的兩條：（一）婦女在政治上、經濟上、教育上、職業上絕對與男子人格平等，權利平等。（二）在職業範內，女子有絕對擇業之自由，並力與女子以擇業的機會，這十一條要求中，關於職業問題竟佔據了十分之二，可見在當時，女子職業就被認為是女子謀解放的先決條件了。梁任公先生曾說：「女子二萬萬，全屬分利而無生利者，惟其不能自養而待養於人也，故男子以犬馬奴隸蓄之，於是婦人極苦，惟婦女待養，男子不能不養之也，故終年勞動之所入，不足以贍其妻孥，故男子亦極苦」。所以女子之應尋求職業，不獨是為女子本身力求

解放，更進一步，是分擔男子之憂勞，是為全國民族及
全人類謀幸福。解釋了婦女職業的重要性以後，下面所
要講的是婦女職業過去之歷史，目前之情況，以及婦女
職業前途所懷有的希望。

二、婦女職業之歷史

　　據一般古代社會學者的研究，在原始共有制的社會
裡，婦女們在政治經濟方面的地位，非但和男子們沒有
不平等的現象，反而更加優越些。後來因為社會生產方
法的進步，生產力的日益發展，形成了男性為中心的
私有財產制，同時，工業不發展，社會停滯在封建的農
業經濟階段，所有日用品都需要家庭手工業的製造，於
是，婦女們在原始民族社會裡所享受的一切自由獨立的
權利和地位，都整個被剝奪淨盡，從此就伏處在封建勢
力籠罩下的家庭裡，度著被壓迫，被奴役的依賴生活。
其後因為歐洲機器發明，造成了家庭手工業的破產，以
個人為主義為中心的資本主義，改變了整個封建社會的
體制和面目，男子們的收入，不足以維持家庭生活，同
時資本主義的繼續存在和發展的條件，是需要賤價的勞
力，這時以服從為美德的婦女們，便成了她們最好的對
象，並且資產者為著獲得更多的利潤，在輕工業方面竟
發生了擯棄男工，大批任用女工的趨勢，這樣一來，非
但在工業方面女工日益增多，社會上其他事業，如教育
界的女教員，商業界的女職員等等，也跟著資本主義發
展和進步而愈益增多起來，這無形地給予婦女們脫離
封建家族主義的桎梏，獲得經濟獨立，重新參加社會

工作的機會。中國呢，經過了滿清末葉的民族革命與
「五四」文化革命以後，把一部分婦女的文化水準提高
了不少，這時，一部份的女子才重新開始和男子一般地
在社會上服務，可是還有大部分的中國女性卻依舊是在
家庭裡度著奴隸生活，政治經濟上一切不平等的制度，
依然如故的存在，舊社會對於女性的歧視，也沒有稍加
移易。

三、婦女職業的現階段

　　資本主義的發展和成長，固然使千百萬家庭婦女捲
入了社會各種產業部門，但資本主義社會的腐敗和衰
頹，也必然會使無數職業婦女遭受到飢餓，流浪街頭，
出賣肉體等的厄運。自從一九二九年空前的世界經濟恐
慌開始後，沒有一個國家不受到嚴重的影響，在失業浪
潮洶湧澎湃的情勢下，無疑地，一般職業婦女與男子是
同樣地遭逢到失業的痛苦的，據一九三四年歐洲國家失
業登記總數的調查，在意大利 887,000 人之失業登記總
數中，婦女佔 151,000，在英國 2,057,000 之失業登記者
的總數中，婦女佔 332,000 人。在德國 2,353,000 之失
業登記人當中，婦女佔 380,000 人，在法國 375,000 人
之失業登記人總數中，婦女佔 76,000 人，此外如美國，
據一九三三年八月美國聯邦婦女部給芝加哥世界市場作
的工作婦女的報告，在二千一百萬個本來從事職業的婦
女中，有二百萬以上是失業者，看了以上幾個國家的統
計數字，我們可以知道，各國婦女失業的人數，是同男
性們一樣隨著經濟危機的日益深化，更形增多。於是法

　　西斯國家當局，為了要緩和這恐怖的失業危機，不得不採取剜肉補瘡的政策，叫婦女們回到廚房裡去做賢妻良母，盡管家育兒的職責，企圖以驅逐職業婦女所騰出的職位，來遞補男子們的失業。最近有許多國家都採用這種方法，第一個受犧牲的，就是已婚的婦女及在公共機關中服務的婦女，如在德國，一九三三年六月三十日的法律規定所有的已婚女公務員都須解職，婦女在三十五歲以前不能擔任永久的公務職位，在奧地利，一九三三年十二月十五日的法律，也規定所有公共機關的已婚女職員，以及為國家服務之工資勞動者和薪水雇員的已婚女性都須解職，假如她丈夫每月的收入是在某一數目以上。不過已婚女子如生有三個小孩以上者，可保留原職。這種限制婦女就業的法案，並不僅限於已婚的婦女，有些國家是適用於一切婦女的，如意大利一九三三年十一月二十八日的立法，授權政府限制婦女從事職位競爭的數目，或完全不許她們競爭。荷蘭一九三四年三月十九日內政部長的通電，命令各地方政府非但須嚴厲實行禁止已婚婦女的工作，而且還須盡可能地設法，在不特別需要理性勞動的工作中排擠女性而代以男性的勞動。他們雖然時引用道德的或事實上的理由來叫婦女回到家庭去，可是主要原因，還是在於援救男子的失業問題。

　　德意等國家，自屬行限制婦女就業的法案後，國內的經濟恐慌，不惟因此而解除，反而益加深化起來，這足以證明驅逐婦女「回到廚房」的政策，是並不能用來解決經濟恐慌和日益嚴重化的失業危機。至於說到我

國，因為近幾年來世界經濟恐慌日益深化的影響，加以近年來的不斷受侵略，形成職業部門相對縮小的現象，因此在業婦女生活惡化，是難以避免的事實，至於失業婦女的生活困苦情形，是更不用贅言的了。不圖報載目前竟有郵局企圖用婦女不便調遣，已婚婦女須請生產假等理由拒用女性。誰都知道生育是男女雙方應該共同擔負的任務，教養兒童不僅是婦女單獨的職責，那是應當由社會共同擔負的，不能憑著生育的理由而斷送婦女職業，婦女在社會上服務，已經經過了相當長久的時間，當然是不無貢獻，至於，她們是否適合於社會工作？有沒有持續的就職能力？那是不用爭辯的，有鐵一般的事實可以作為佐證。現在發生這種事情，這該是當前婦女運動痛心的打擊，其實，假定婦女之所以不能像男子一般地出其全力來效力社會，替國家做事，在女子本身能力方面來說，還是較小的問題，最主要的是女子本身以外的社會條件的不良。因此，一般人不知道觀察社會環境，僅僅責難於女子的本身，而拒絕僱用女性職員，實是捨本逐末，何況，現在國難當前，凡屬國民，都應擔負國家興亡的責任，我總裁蔣委員長曾不惜一再誥誡國民，應動員全國人力、物力作爭取最後勝利，我們婦女人口佔全國人口的一半，那麼婦女是有國家一半的力量，理應在此非常時期，竭盡所能來貢獻國家，不圖郵政當局竟拒絕女性投考郵局，這種開倒車的方法，真不應該在今日中國的環境之下，見諸實行。關於這一點，早有社會賢明之士為了籲請維護，恕不縷述。

四、對於婦女職業前途所懷有的希望

　　婦女職業的顛覆不振，既如上述，可是我們懂得婦女職業自由問題，如不能澈底解決，那末女性對於男性的依賴，是無從消滅，婦女生活的苦痛也無從解除，那就是說要求婦女真正解放，就非首先把婦女職業的前途安排妥當不可。我們試看蘇聯，自經過十月革命以後，政府一開始就給予婦女職業以極大的努力，使婦女們脫離了家庭的奴役地位，盡量參加社會生產活動，實現真正的男女平等，第一次五年計劃實施時，為要使全國工業化，努力擴大婦女職業的範圍，近幾年來，跟著社會經濟建設事業的發展，和勞動力的需要之不斷的增高，政府努力的結果，竟獲得了偉大的成效，造成關於婦女職業空前的新紀錄。我們該明白蘇聯婦女職業之所以會突飛猛進的發展，是社會各種新建設驚人的發展所給予他的助力，公共食堂、托兒所、幼稚園等一類組織的日益普遍化，解除了婦女對家務的重擔，造成她們參加社會生產活動的條件，要是國家社會沒有賜她們以此種種優越的條件，單靠當局的宣傳和鼓勵是不會獲得很大效果的。所以要給婦女職業前途創造光明，先決條件是要努力刷新國家，振興國民經濟，改善社會機構，在國家立法上，規定婦女與男子絕對平等，盡量設法減輕婦女家務及子女教養的任務，使女子充分發揮她們的能力，達到與男子同一的水準。對已婚女職員更應實行母性保護法，給她們以特異的保障與權利，務使婦女在社會上得站在與男子同等的地位，謀得經濟獨立，根本剷除傳統的依賴思想。

五、結論

　　現在正是婦女職業在新舊渦流裡掙扎的過渡時期，一部份婦女果已謀得了職業，可是，照中國的情形說來，女子的經濟，到現在還沒有能完全獨立，許多地方的封建思想還依舊存在著，社會上對女子許多陳腐的偏見，還不曾消滅，前途還滿鋪著荊棘，但是，我們知道，無論甚麼事情，祇需努力地苦幹，是不會不獲得成效的，付多少血汗，可以收得多少的代價，祇要我們的宗旨是正大光明的，經過相當的奮鬥時期，最後勝利終歸是屬於我們的。希望婦女一致團結起來，用集體的力量，為被封建壓榨下的中國婦女爭取職業之自由與平等，羅馬不是一日造成的，中國婦女職業前途的暗礁，也不是我們一日所可剷除的，我相信，祇有苦鬥，眾志成城，幸福是在望的。

　　　　　　　　一九三九年，十一，三，上海雙半樓。

　　（《上海婦女》，第 3 卷第 11 期，1939 年）

婦女就業和持家的討論（一）　呂思勉

「不論我們喜歡或厭惡這種話，造物者總對原始的男子這樣說：你們的任務，是散佈於各地，你們應供養和保護你們的婦女孩子。當婦女說：你們的本分，是尋找保護你們的男子，看護他的孩子，預備他的食物，和看守他的洞穴。這是不易的實理，生理的定律，乃造物者所制定的自我懲罰。」

——葉作林譯：婦女就業和持家的討論，
見《宇宙風乙刊》第二十期。

假使人類的原始，真是如此專以互相爭鬥為事，一個男子，只肯保護和供養他自己的婦女子，一個婦女，非找到一個供養和保護他的男子不可。於是每一個男子，各帶著自己的婦女孩子，占據了一個洞穴。而此洞穴與彼洞穴之間，各有其不可逾越的界限，正像現代的家庭一般。那怕人類早已滅絕了，因為現代的家庭，在經濟上是有其聯繫性的，不能拆開了各自獨立。又許多家庭之上，還有一種更高的權力，不許各個家庭，互相爭鬥。假使人的本性，而只有男女之愛和親子之愛，則此等家庭間利益上的聯繫，及各個家庭之上的更高的權力，在原始時代必然無有，於是如著者所說的各個洞穴之間，勢必互相爭鬥打死一個體力比我們弱的人，而奪取其食物，或即以其肉為食物，決不較打死一個兇猛的野獸。而男子和男子之間，體力有強弱，性情的好鬥與否，亦有強弱，其相去的程度，並不下於男子和女子的相去，這也是生理的定律。

如其如此，至少在某一個時期中，多妻將成為極

普遍的現象，全社會中女子的數目，將遠超過男子，因為許多男子，因互相鬥爭而被殺了。既認為人類原始的愛情，只限於夫婦親子之間，而又說其競爭會只限於異類，不施諸同類，或者說這時候人的智識，想不到殺害同類，而奪其所有，這是很難想像和理解的。（註一）。

說婦女必待男子的供養，即是說食物的材料，必待男子獲得，而婦女僅能在後方為之預備，怕只有某一個狩獵時代為然（註二）捕漁民族，就不盡然，蒐采和農耕的民族，更不必說了，即使某一時期的狩獵民族，怕也是全體男子，動員到前方去狩獵，全體女子，公共地在後方做看護孩子，預備食物等事的。決不是每一個男子，各有其所屬的婦女孩子，各有其專有的洞穴。出去打獵時，是各為自己及自己的婦女孩子，回來時亦各攜其所得，入於自己的洞穴。因為我們從沒有在古書上，或近代人的人種志上看見過這種記載。也沒有在一切制度上看見這種遺跡。

然則家庭決不是原始的制度，出於人的本性的。只是社會發展到某一個時期，應運而生的一種組織，而其制度，亦因環境的不同，雖大同而仍有小異。

《宇宙風》乙刊，希望國人關於婦女應否就業，還是宜於持家，就我國現狀，加以討論，能憑自身經驗立論尤佳，這個意思，可以說得很好，但其所揭舉的討論的標準，似未甚妥，因為凡事都應從進化的大勢上立論，若拘於現狀，未免有保守之嫌，亦且中國各地方社會的情形不同。如在偏僻的鄉村，婦女在家庭外就並無

職業可就。若以通都大邑而論，其見解也是人人不同的。譬如甲，收入較多，孩子較多，留其妻在家庭中持家，自覺妥協。而乙，收入較少，孩子較多。固然，乙的家庭中也有家務，孩子也需要照顧。然而巧婦難為無米之炊，家中太空空如也，家務也是無從料理起的。孩子也到底不能餓了肚子受教育。在這種情形之下，自然還是讓婦女出去就業好些，在現在的社會中，處境誰亦沒有保障。假使甲因遭遇的不幸，而收入減入了，或者因社會生活程度的提高，而收入相形而覺其少，則本覺婦女以留居家庭中為妥的，至此，亦必感其有出外就業的必要。所以此等言人人殊的根據，並不能做討論的標準。勉強從事於討論，亦必不能獲有結果的。

我們對於一種制度，要想加以討論，總是覺得這種制度，有不甚妥帖之處，而後出此。倘使這種制度，更無弊病，人們是不會想到去討論他的。所以在討論之先，必須深究其弊之所在，然後考慮其究竟可以改良？抑或必須革命？

家庭制度，是一種弊壞而不適宜於現在的制度。人們不知其不適，而強欲維持之，而又終究不能維持，就生出現在關於家庭的種種問題了，請略述其說如下。

家庭的組織，是男子在外爭鬥，以獲得生活的資料，而婦女在後方，為其做些補助工作，及看護孩子，此項組織，在生活的資料，須用體力鬥爭的方法取得時，（註三）在男女的分職上，頗為適宜，然只是一群中的男子，與一群中的女子的分職，並非一萬萬的男女相互間的分職。在人類生活困窘的時候，倘使其天性之

愛，只限於夫婦親子之間，除自己的女人孩子以外、再
不肯招呼別人，而其時的女人孩子，除自己的丈夫和父
親之外，亦再無他人肯盡保護和供養之責，人類是決不
能生存到現在的，所以家庭決不是原始的制度。然則家
庭是怎樣產生的呢？家庭制度的原始，乃在人類開始知
道勞力可以利用的時候。在本群中的婦女，而不能視為
奴隸，加以非分的役使。然擄掠而來的婦女，則是視其
為個人私有的財產的。古人之著謂人者，本限於其群以
內。群以外的人，並不以人相待。所以由俘虜而來的奴
婢，在古人是不承認其人格的（註四）男子為奴的，因
社會的變動，而漸漸消滅了。女子則因內婚制的消滅，
外婚制的盛行，而同群之間，男女平等相看的習慣，漸
漸亡失，只賸了異部族之間，互相奴役的關係。後來雖
屢經改良，到底還不能平等，這是現在家庭制度之下男
女關係不平等的原因，為其根原上是一主一奴。西洋人
的舊見解，以為原始時代的女子，除依賴男子外，決不
能取得食物資料，而亦非被許多人所欺凌不可，因此非
尋得一個愛己的男子，藉以取得生活資料，而受其保護
不可。這純粹是一種不究史實的空想。因為（一）生活
資料的獲得，只有某種資料，在某種環境之下，是限於
男子方能取得的。（二）而古人在同群之中，向來不分
彼此，並沒有什麼供給食料的人，要多享些權利，而他
人都只能俯首聽命的道理。（三）而現在的家庭，是成
立在主奴關係上的。既有主奴關係，則只有主人剝削奴
隸的勞力以自養，決無主人反供養奴隸的。所以男子在
外勞動，以獲得生活資料而養活其妻子，其現象乃起於

家庭制度成立之後，而非家庭制度成立的原因，為在民族時代以前，本群中的女子，本來是本群中人，公共扶養的。（註五）並不指定某一個男子，對某一個女子負責，然從外婚制普遍成立以後，所謂本群中的女子，業已消滅無餘，（註六）而只贖從異族來嫁的女子，其形式上雖出於聘娶，其根本原則是從俘虜而變為價買的。此等屬於私人的奴隸，根本上無庸別人囑他負責，設若加以好意的扶助，反有向其挑誘，而意圖將其帶走之嫌，所以從現代的婚姻制度成立以後，為妻的遂與家庭以外的人隔絕養活她，成為她的丈夫一個人的責任，而她也全處於她丈夫的權力支配之下了，如此，婦女固受壓制而不能自由，男子亦因要養活其妻故，而不勝負擔，因為在古代，生產上勞力的作用大，資本的作用小。勞力多，就可以致富，至少是易於自給的。在近代則工具日益複雜，不能自製。流動資本，又為一部分所錮，非出利息不能借得。而人口遂成為貧窮的大原因。處此情勢之下：（一）男子一人在外勞動，以養活其妻子，能維持其本身及其後代的生活在水平線以上的，非有幸運而獲處於社會上較優的地位的人不能（註七）。（二）如其女子亦出外就業，則家庭中事無人料理。（三）即使生活富裕之家，婦女無須出外工作，以補助生計。然而所謂家務，複雜萬端，在現今文化進步之時，非將婦女留在家庭之中，主持料理，所能勝任而愉快。（四）以上三端，為談現在的家庭問題，很容易瞭解的弊病，而且是誰都可以承認的。若再說深遠些，則家庭的起源，如前所述，實係一種自私的組織。其先天

既係如此，後天雖有變化，很不容易洗刷淨盡的，所以
（A）家庭是把人分成五口八口的小團體使其利害互相
對立的根源。（B）交換是使人人互相倚賴，而又互相
剝削，相扶相助之實，必通過互相剝削之道而後行，使
人忘卻人和人互相倚賴的殷切，而只覺得其利害對立很
尖銳的根源。此等制度不變，世道人心，決無向上的希
望，因為實際的生活，到底是最大的教訓。空口說白
話，除極笨的人外，決不肯聽。而此等極笨的人，在社
會上，是並不能發生影響的。

限制婦女在家，主持家務，既為勢所不能，獎勵婦
女出外就業，使現在之所謂家務者，無人過問，勢又有
所不可。所以目前的急務，在於造出家庭以外一種公共
的生活，以替代現在的所謂家庭。於是女子可以解除束
縛，男子亦得減輕負擔。而現在的所謂家事者，亦一一
處置得更妥帖。

造成家庭以外公共生活的方法如何呢？我國最普遍
的社會組織是農村，城市只居少數。而且城市的組織和
治理，也是模仿鄉村的，如在鄉村的組織稱為里，城市
的組織則稱為坊或廂，坊廂與里，同為自治團體，里長
與坊廂之長，同為自治之負責人員是。所以我們現在，
有一種制度，確實能推行於鄉村，即可逐漸設法，推行
於城市大都會（註八）。各地方家庭以外的公共生活，
逐漸成立，我們的文化，就從根本上改變了。

農村的公共生活，該怎樣組織呢？須知從歷史上
說：中國的所謂家族，本有兩種：一種是比較大的。這
是封建時代的治者階級。其族中組織的情形，略見於禮

記的文王世子。其家族團體中，除血統有關的人外，還包括許多技術和服役的人員。如周官天官所屬名官是（註九）。此等家族，是寄生階級，他們所消費的物資，根本是農民的租稅。因為此等必要的物資充足了，所以能養活許多技術和服役的人員。農田以外的地方，他們既可任意占為己有，就可役使此等技術和服役的人員，替他們種植，畜牧，或利用材料，製造器具。如此，他們這家族，自然富裕了。此等封建時代的大家族，雖因封建政體的破壞而滅亡，然仍有若干存留的。如秦漢時的齊諸田、楚昭、屈、景是。而後來新興的富豪，也有模擬此等制度，而成立一個大家族的。此為歷史上少數大家族的由來。他們的生產，他們的消費，固然都是大規模的。即多數的平民，他們的家庭，以一夫上父母下妻子為限，大率自五口至八口。然其生活，亦是靠五口八口以外的人，互相幫助，纔能夠維持。決不是各人自掃門前雪，莫管他人瓦上霜。對於五口至八口的團體以外的人，相視若秦人視越人之肥瘠，所能各遂其生的。現在在農村上，要借一兩塊錢，固然是很難的。此乃因貨幣實為彼輩所闕乏，所以如此。至於自己有餘的東西，拿些給別人，還不算得什麼事。「彼有遺秉，此有不斂穧」，這種情形，是到處可以看見的。決非如上海里衖之中，彼此各不相知，「昏暮叫人之門戶，求水火」，都使不得，「或乞醯焉」更其不必說了。然現在農村的風氣和組織，業經敗壞廢墜了幾千年，若追溯到較古的時代，則當時的農村之中，並不是有無相通，有些簡直是共同生活。古代農村的組織，略

見於公羊宣公十五的的何注。漢書食貨志之說全同，不過引來做證據的古書，彼此有異罷了。據其說，則：

一夫一婦，受田百畝，以養父母妻子，五百為一家，公田十畝，即所謂十一而稅也。廬舍二畝半，凡為田一頃十二畝半，八家為九頃，共為一井，故曰井田，——井田之義：一曰無泄地氣，二曰無費一家。三曰同風俗。四曰合家巧拙。五曰通財貨。因井田以為市，故俗語曰市井。種穀不得種一穀，以備災害。田中不得有樹，以妨五穀。還廬舍種桑、楸、雜菜。畜五母雞，兩母豕。瓜果種疆畔。女上蠶織。老者得衣帛焉，得食肉焉，死者得葬焉。多於五口，名曰餘夫。餘夫以率受田二十五畝。——司空謹別田之高下，善惡，分為三品，上田一歲一墾，中田二歲一墾，下田三歲一墾，肥饒不得獨樂，墝埆不得獨苦，故三年一換土易居。——選其耆老有高德者，名曰父老，其有辯護伉健者為里正——民春夏出田，秋冬入保城郭。田作之時，春，父老及里正且開門坐塾上。晏出後時者不得出，莫不持樵者不得入。五穀畢入，民皆居宅，里正趨緝績。男女同巷相從夜績，至於夜中，故女功一月得四十五日。作從十月，盡正月止。男女有所怨恨，相從而歌，饑者歌其食，勞者歌其事。——十月事訖，父老教於校室，八歲者學小學，十五者學大學。

這時候的農村，雖已以一夫上父母下妻子為一個組織的單位，然（一）井田之制，所以合巧拙，通財貨，乃謂技術的優劣，可以互相補助，工具的有無、利鈍，可以互相借用。（二）耕種，收穫，都有一定的規則，

還有人監督著。倘使其起源就是私事，則勤惰、巧拙，
儘可聽其自然，何勞他人過問？公產的社會，執行公
務，有一定的規則，也有專門執掌的人，這是據社會學
家的紀錄，常有的事。（三）三年一換土易居，則每一
農家，逐年的收入，多少不等。以當時管理規則的嚴
密，豈不要干涉其儲種上田之年之所餘，以備種下田
之年之不足，然而並未聞有此等規則。可見其原始之
制，田土的收入，盡屬公有。孟子梁惠王下篇引晏子的
話，說「今也──師行而糧食」。糧同量，即留其日食
所需，其餘盡括以充軍饟。這在晏子之時，雖成為虐
政，然推原其溯，則藏在某人家裡的糧，並非某人所
有，不過借他家裡藏庋罷了。上種規則，亦是進化較淺
的部落中所常有的。（四）戰國秦策：「甘茂對蘇子
說：江上之處女，有家貧而無燭者。處女相與語，欲去
之，家貧無燭者將去矣，謂處女曰：妾以無燭故，常先
至，掃室布席。何愛餘明之照四壁者？幸以賜妾，何妨
於處女？妾自以有益於處女，何為去我？處女相語，以
為然而留之。」此為公羊何注男女同巷相從夜績的注
腳。可見古代農村中工作，不論在邑中，在野外，通力
合作的很多，實非一個個經濟單位的聯合，而其原始只
是一體。（五）十月事訖，父老教於校室，兒童教育，
非一家之事，而係一佮團體中公共之事，更不必說了。
總而言之；古代農村的生活，決非一個個家庭聯結起
來，而是本為一體，後來纔分散各個家族的，雖然已經
分散了，然本為一體的遺規，存留的還有不少，在周秦
之間，還很可考見，古人的生產能力，遠較後世為低，

然亦能安然生活下去，其生活有時且較後世為寬裕，即由於此。孟子勸滕文公行井田制度，說：「死徙無出鄉，鄉田同井，出入相友，守望相助，疾病相扶持，則百姓親睦。」又說：「設為庠序學校以教之。庠者，養也，校者，教也。序者，射也。夏曰校，殷曰序，周曰庠，學則三代共之，皆所以明人倫也。人倫明於上，小民親於下。」校者教也，即何休所云十月事訖，父老教於校室。庠者養也，是行鄉飲酒禮之地。序者射也，是行鄉射禮之地。鄉飲酒禮，鄉射禮的意思，和現在的懇親會、運動會等，有些相像。乃是教之以和親、遜讓，使其能互相親睦。古代的倫理有兩種：一種是注重於家族之中的，如所謂父慈子孝、兄友弟恭、夫義婦聽、長惠幼順。乃是流行於貴族間的訓條。因為此等家族，其生活本極優裕，所慮者是家族之中，自行爭鬥，則不但不能安享，而其家族且有滅亡之虞。所以要注重於家族中的互相和睦，若平民，則單靠家庭間的一團和氣，還是不夠生存的，所以非講究博愛不可，這兩種不同的倫理，流行於平民社會中的，實較流行於士大夫階級中的為高尚。歷代傳播儒教的，究以士大夫階級中人為多。蔽於階級意識，就不免舍連城而寶碔砆了，然單靠家族組織，決不足以盡人類相生相養之道，而且是一個很大的障礙，則縱觀古今毫無疑義。

從古以來，有兩種文化：一種是自力自食的文化。一種是掠奪的文化。掠奪的文化，又分為兩種：一種是靠武力掠奪的，是為封建主義。一種靠經濟的力量，用交換的方法掠奪的，是為資本主義。世界的「每每大

聲」，實由掠奪文化的盛行，自力自食的文化日就萎
縮。「撥亂世，反之正」，必須提倡自力自食的文化，
使自力自食的文化，逐漸建設，逐漸擴張，而掠奪的文
化，逐漸為其所淘汰。如此，則現在家族制度，我們必
須破壞之，而逐漸代以公共的生活。

此事進行的第一步，即須在農村之中，普遍的設立
育兒所。育兒，似乎是和家族制度，最有關係的。因為
小兒非飲乳不可，而又以飲母乳為最宜。所以一提起育
兒，便使人有各親其親，各子其子，出於造物所安排而
無違逆的感想。然人是在很複雜的文化中生活的，支配
人類的關係的，並不是簡單的某種生理關係。人類的生
活，有一部分係根據於生理而來的。此等生活，大抵無
可變更。然在人類的生活中，實不占重要的位置。此理
不可不明。子女與母親生理上的關係，出生而後，不過
到哺乳終了而止。此外更無甚必要，值不得誇張。與父
親的關係，更不必說了。我們並非有意歪曲，說母親不
適宜於撫育親生的子女，亦非為要破除家族制度，而硬
主張不要做母親的人，撫育他自己所生的子女。不過在
現在的文化狀況之下，除乳哺之外，母親對於親生的子
女，並不一定是適於撫育的人，這個無論如何，不能不
承認是事實，所以小孩出生之後，即須有一住居之所。
此住居之所，係為一團體中所有的小孩公設，由最適宜
於撫育小孩的人經管。小孩生身之母，除按時前往哺乳
外，其餘一切不負責任。這正和小孩的教育，另有教育
家司其事，不必要其父母負責相同。世人見遣子女從
師，不以為怪，聽說兒童公育，就驚怖其言，若河漢而

無極，這只是「見駱駝言馬瘇背」而已，現在家庭的大弊，及於兒童的有三：（一）撫育之失宜。（二）經濟力的薄弱。窮困的家庭，固不必論。即較為富裕的家庭，遇見特殊的事情，亦或為經濟力之所限。我在十年前，曾在某醫院中，見一小孩，為猘犬所噬，其母攜之至醫院，醫生命其注射恐水病血清，而此母親不能負擔四十五元的藥費，只得含得眼淚，帶著孩子走了。不能替孩子負擔醫藥費的父母親怕很多，若合一個大團體而共籌，就不至有此患了。（三）則父母之不必適宜於教育兒童，亦與其不必適宜撫養於兒童同。尤其是愛慣家庭教育的兒童，從小就深深的，栽培下自私自利的性質的根株，長成之後，要拔掉他很難。所以小孩，我們希望他全不受現在旳所謂家庭教育。現在的學校學生，比起從前的舊讀書人家，我們不敢說他有什麼長處。然而較能和人家合作，及組織之力較強，這兩點是不能抹煞的。這一部分是現代的教育者之功，一部分，亦是學校群居生活之賜。

育兒所乃代替家庭的公共生活的第一步。有此一步之後，青年公共的住所，以及養老堂、病院、公共食堂等，就可逐漸進行，到此等制度完全成立之時，家庭遂全被代替而消滅，男子放下千鈞的重擔，女子脫離奴隸的生活，彼此，呼吸自由的新空氣，打破家庭的障壁，而直接沐浴社會的陽光。

這些話，似乎是造端弘大，實行甚難的，然亦並非沒有實行的方法。依我說：最好是借些政治之力，強迫推行義務教育，既可強迫人家受；小學既可強迫各地方

設立；為什麼育兒所不可以？所以現在，應當以法令
之力，規定在某種情形的地方，必須設立育兒所，為之
籌集經費。由國家派人主持，強迫一切兒童，均須送入
育兒所，在目前的情形之下，固然還辦不到。然設立之
後，送兒童前來的，必然十分踴躍，怕只怕機關太小，
收容不下。因為現在窮苦人家，養不起子女的很多。他
們只要有人肯替他們收養，就把子女送去了，豈有公共
的育兒所，撫養較私人為善的，反不肯送來之理？次
之，則現在社會上熱心公益的人，究亦不少，但他們的
觀念太陳舊，只會做些補苴罅漏的事情。若把革命的建
設事業，看做善舉，則他們苦無此種智識。然亦只是沒
有知識而已，假使能說到他們明白，他們仍不失為行動
上有實力者之一。所以開發肯出資、出力，從事於公益
事業之人，使之走向革命的建設的途徑，實為今後的
要務，而育兒所將亦是其中重要的一項。以上兩端，
是目前推行的方法。凡事切於需要的，總是易於風行
的。推行之初，力量看似微薄，然不轉瞬，就附庸蔚為
大國了。

　　在上海言上海：若有人能以修士傳道的精神，出面
改善家庭和兒童撫養的問題，里衖之中，就未嘗不可以
倡辦育兒所。上海在現在，雖然是孤島，將來總有不孤
的一天。到這時候，國家未嘗不可運用權力，強迫上海
的住民，設立坊廂等組織，以盡其應盡的義務。

註一：限於某種兵器，以男性運用為較適宜的時候。
註二：現在生活資料，必須男子在外掙取，乃係社會組

織使然。如烹調、縫紉，普通認為女子之事，然飯館和成衣館，多以男子為主人。此由現在社會上，獲得金錢，帶有鬥爭的性質。如以女子為店主，人將以為可欺而立心欺之。多數人立心欺之，則其人果成為可欺之人類。然此全係社會組織使然，無所謂不易的實理，生理的定律也。

註四：野蠻人的舉動，所以非極溫和，即極橫暴，常走兩極端者，即由於此，其溫和時，係以人相待，其橫暴時，係以物相待也。

註五：女子亦扶養男子，並非專待男子扶養。

註六：因外婚制盛行，女子均出嫁異族。

註七：只是幸運而已，並非由於才能。

註八：真要改良治化，現在的大都會，必須斷而小之，不能聽其自然，此義甚長，當別論。

註九：周官的規模，固然是最大的，然其餘規模較小時，性質亦仍相同。

（《宇宙風乙刊》，第 21 期，1940 年）

「回家庭？到社會？」座談會

重慶青年夏令講習會今年八月四日開學於南泉，本社亦有數人參加，其中受訓女同學十餘人，皆為富於革命熱忱之前進青年，為集思廣益共同研究婦女問題計，特於訓期一週內，舉行座談會一次，情緒熱烈，結果良好，茲將紀錄刊載如左：

時　　間：民國二十九年八月九日晚上七時

地　　點：南溫泉青年夏令講習會

出席人數：十四人

主　　席：陳庭珍

紀　　錄：劉佩芬

討論題目：回家庭？到社會？

討論大綱：

（一）男女兩性在個性與智能上之比較

（二）時代對於婦女之要求

（三）家庭與事業相衝突否？

（四）婦女究應回家庭抑到社會

主席報告：

婦女問題已漸引起社會之注意，婦女本身亦漸覺悟對抗戰建國貢獻殊多。惟國內人士對於婦女問題見解不一，持論各異，竟有惑於法西斯國家之措施而倡導婦女問家庭者，致今我婦女徬徨歧路無所適從，我婦女身事關切問題，亦為民族興衰之所繫，吾人實不敢已於言，真理果在，則必探求之，茲所論者，為「回家庭？到社會？」二者究可得兼否，抑相矛盾而僅能擇其一？尚祈諸君發抒卓見，俾吾人獲得正當解決之門徑。

進行討論：

（一）男女兩性在個性與智能上之比較

陳佩芳：男女個性智能並無先天差別，其所異者實後
　　　　天環境教育為之。

劉治華：以廣西為實例證明前說之不謬。

姚覺非：據心理學者之心理測驗，智能優劣之兩端皆為
　　　　男性，女子均佔中部，是豈婦女無天才耶？
　　　　而某心理學家則又為相反之結論，彼謂昔日
　　　　女子之所貢獻即為現代文明男子所貢獻者，
　　　　是則女子智慧又勝於男子矣，二說抗衡，迄
　　　　無定論，以故吾人不敢妄加論斷，而堅持男
　　　　優於女或女優於男之誤解。

姜秀涓：依據實驗，男女縱有性別差異，亦不若個性
　　　　差異之顯著。

許鍾瑤：男女之智能誠有差異，如男子長於理解，女
　　　　子善於記憶，是故男女應依性別而分工。

陳正：男女縱在理解記憶上各有所長之差異，亦為
　　　　環境所使然，蓋前已言之，依據學理，個別
　　　　差異固遠大於性別者，故吾人無問性別，但
　　　　求個性之發展，以期與男子同有所造詣焉。

姚覺非：既云男女個別差異遠甚於性別差異，則分工
　　　　應以個性為標準，而必打破男外女內之錯誤
　　　　傳統習俗與觀念。

結論：男女兩性之個別差異遠大於性別差異。

（二）時代對於婦女之要求

許鍾瑤：值茲抗戰建國之偉大時代，國家匪僅要求賢
　　　　妻良母之婦女，且更亟需參加抗建工作之民
　　　　族女戰士。

陳正：現在，外則強寇迫境，內則建國未成，處此
　　　　時艱，中華民族應如何奮力圖強共體國是，
　　　　而我婦女占國民之半數，固為民族一半力量
　　　　之所寄，豈可僅盡人類生育之天職而棄國民
　　　　應有之責任乎。

陸和：二十世紀之今日國際鬥爭日益激烈，鬥爭方
　　　　式皆趨集體，婦女既為國民則自應貢獻力量
　　　　參加鬥爭。

結論：現時代對於婦女之要求：一，自世界潮流言，
　　　　婦女應貢獻能力參加集體鬥爭。二，自我國
　　　　國情言，婦女亟須從事抗建工作以期三民主
　　　　義新中國之實現。

（三）家庭與事業相衝突否

劉治華：時代需要婦女貢獻能力，故女子亦應踏入社
　　　　會從事各項工作，但婦女究應結婚，則子女
　　　　之累在所不免，而處於現社會制度，婦女實
　　　　無法兼顧家庭與事業。

蒲立德：當今文明進步之二十世紀，家事漸因社會化而
　　　　趨簡單，已無須婦女多費精力；且家庭為男女
　　　　雙方所組成，男子亦有管理家事之同等義務，
　　　　若男女分擔責任，則婦女所耗時間益少，儘可

　　　　　　獻身事業而與家庭不相衝突，均有托兒所之設
　　　　　　立，婦女在子女無須親身照顧而能健全長育之
　　　　　　條件下，當更能竭其全力貢獻國家。

劉佩紛：蒲君所言僅中上階級之家庭為然，至於貧苦
　　　　大眾對於生活所需尚須親手操作（如農婦之
　　　　必得織布操女工是），固是其家事仍保持產
　　　　業革命前之繁瑣，婦女勢必困瘁於家庭而無法
　　　　抽身踏入社會，但事實又有大不然者，緣我國
　　　　自海禁大開，帝國主義經濟侵略深入內地，致
　　　　今我手工業破產，農村經濟隨之崩潰，農民
　　　　無以為生，農婦逐被迫棄其繁瑣家事，奔往
　　　　都市出賣勞力，由是其子女照料無人，家庭
　　　　趨於解體，帝國主義之經濟侵略日益猖獗，此
　　　　種矛盾現在即日益普遍，至今已成為極嚴重之
　　　　社會問題，實不容吾人再事漠視，吾人除從根
　　　　本計，發奮圖強反抗侵略外，尚應由國家籌辦
　　　　大量托兒所，收容貧苦群眾之子女，俾下層階
　　　　級之職業婦女，得安心其職守而增加其工作效
　　　　率，吾人絕不應不求矛盾癥結之所在，徒見
　　　　其家庭之解體，遂倡言驅除婦女回家庭，所
　　　　謂「不揣其本而齊其末」未有能得道者也。

結論：在家事社會化之現狀下，中上階級之婦女可
　　　　兼顧家庭與事業而使二者不相衝突，至於下
　　　　層階級之婦女已為生活所迫拋棄家庭，則國
　　　　家極應廣設托兒所以解除其現存之矛盾。

（四）婦女究應回家庭？抑到社會？

根據前三節討論之結果，實不難歸納出一正確之結論，討論至此，大家皆異口同聲謂到社會既不與家庭背馳，則我婦女何可棄國家民族之重任作而獨湮沒於家庭乎。

（《中國女青年》，第 1 卷第 2 期，1940 年）

為湖南省女公務員請命

　　在這抗戰建國的時期，政府、社會各方面都在注意扶植婦女，發展婦女的力量來共同促進抗戰建國的成功，應當是婦女新生的機會了！然而我奇怪的是，許多地方還會有著令人懷疑，使人害怕的摧殘婦女，阻礙婦女的事實發生，最近從故鄉寄來一封信，還是一位與我同中學畢業的忠實，熱誠，能負責的女同學寫的，裡面告訴我一個太奇特的消息，而且帶給我她們無限的憤激與憂傷，我同情她，但不僅是為了她自己，為了婦女界，為了國家，為了正義，我不得不將她的原函公諸社會，切望扶植婦運的最高當局有所注意！ＸＸ：久不接來信甚念，校中功課一定很忙，我自入省府服務以來，已一年餘了，雖無成績可言，但自信尚能負起自己應有的責任，並且我的性情，你是深知的，究竟能否盡責，能否稱職，你當可想到。

　　本省自薛主席主政以來，對於一切軍事政治等方面都有著長足的進步，尤以長沙會戰的大勝利，保障了湖南的安全，屏障了西南，更奠定了最後勝利的基礎。他不僅是軍事家，而且是政治家，對湘省一切的政治無不勵精圖治，為湖南三千萬同胞謀福利，近且著重到湖南的婦女組訓問題，經飭新生活運動促進會湖南婦女工作委員會（主任委員為薛方少文女士，常務委員方張佩珍女士是第九戰區戰地黨政分會主任方學芬之夫人，均粵籍），詳擬組訓婦女工作計劃，漸次按步實施，且亦經本府常會決議通過，用意甚善，值得贊成擁護的。的確，我們知道湖南的婦女還沒有確切的盡到自己的任

務，也就是說目前的婦女動員委實還不夠，大部分的知識婦女都沒有從家庭裡跑出來，從廚房裡跑出來。

不過調訓辦法中第五條之規定，末段有「湖南省政府所屬機關女職員並按期保送十員入組受訓」等語，因此以來，各機關女職員不得不以質疑之點供諸全國人士，但因種種關係，訴苦亦無能為力。所以趁此次寄贈「湘政一年」給你參閱時，約略告知一二，倘湖南婦女前途有望，此信定能達入你的眼簾，希望你能給我們同情，代我們呼籲！

（一）本府各廳處會男職員調訓尚無此舉，何以女職員須一律調訓？如一定要女職員受婦調，則男職員也應當一律受民訓！

（二）此次調訓女職員，內容不外：一，以後各廳處會不得增添女職員，二，現有女職員一律分期調幹訓團婦女組受訓，受訓期滿後按各該員原籍縣份回原籍組設婦女分會，分擔組訓婦女工作，是其用意確在淘汰女職員，疏散女職員，使女子不能插足於社會各部門，似此以調訓方法裁撤女職員，不可謂不慎密周到，思慮萬全。

（三）湖南婦訓在張前主席時，曾訓練三、四百人，從事訓練婦女工作成績尚佳，自薛主席主湘不久，下令將此批人員裁撤，當時力請收回成命而不可得，因此婦訓工作，突然中斷。

（四）本府所屬機關女職員之資歷，非大學專科畢業生，亦即高中畢業生，而在各廳處會所佔地位不過是最低級之公務員職，但我等敢自詡者，知識

水準雖不能與男職員相等，間有高於男職員者，又拿工作成績相較，當不在男職員之下，披金淘沙，故不能一視同仁。

（五）我國興辦女學，已三十餘年。僅就湖南一省而言，受高等完全教育者，當一萬人之上，此等受完全教育之婦女，因抗戰爆發，家鄉淪陷，轉徙流離，無力升學者當在多數，又以戰時經濟困難，借貸無門，不能升學或求得工作者亦在多數，政府當局何不招考失業女子或戰區流亡學生以從事此項工作，而是必調訓女職員呢？豈非有意淘汰女職員嗎？

（六）女公務員之職責在處理公務，無受婦訓之必要，如必需受訓則應該入關於職掌有關之訓練，如民政、財政、教育、建設、會計、統計等部門才是。

（七）平常男職員調訓均係兼薪受訓，且受訓期滿後仍回原機關服務，而獨女職員受訓，不僅不許兼薪，且亦不准回原職工作，這又非淘汰女職員嗎？

（八）站在湖南婦女工作委員會崗位上，應當促進男女平權，提高女子在社會上之地位，及求得婦女參政權，而反用調訓方法，使婦女在各政治機關無插足之地，我們不能不深深懷疑。

時間太快，婦女組定本月十七日開課，第一期本處調各廳處會各指派一人入組受訓，命令一下，因其用意不善，大家均不願去，消極抵抗的便是紛紛辭職，辭無

不准，昨有皖籍二女同事，因家鄉淪陷已久，且服務本
府已二年餘，此次泣陳苦狀，並請發給薪餉二月而不可
能，真是慘極。

現各廳處會之女職員，不過四、五十人，所以佔社
會地位又極卑微，而當局不但不予以增加或保障，反令
其組訓婦女，則湖南婦女在社會的地位，前途可想而知
了。際此時期蔣夫人曾在三八婦女節廣播，有各機關應
容納三分之一女職員之語，又此次國民參政會之議案中
有女子能服務機關者應盡量任用之決議送請政府注意，
是湖南女公務員被裁之消息，中央當不可得知，故特匆
函告知，盼能藉機會向最高當局如領導婦女機關申訴，
為了本身，為了湖南婦女，為了國家民族，你也是義不
容辭的吧！

期待著，祝努力

汝四月十五日

（《中國女青年》，第 1 卷第 2 期，1940 年）

職業婦女的「結婚問題」　　迦沁

一、結婚竟成「問題」

結婚是人的自然要求，是人的應有權利，在一定的年齡，具備了一定的條件，要結婚是誰都不能給以限制的，可是自從郵政總局通令「對於已婚婦女不得投考，既入局屆結婚時即予裁退」及其他機關公開宣佈「不收已婚女性」，結婚竟成為職業婦女的「問題」了。一方面許多女職員為著「結婚問題」不能解決而苦著臉；一方面又有不少已婚婦女被擯在職業門外在徘徊懊惱。結婚呢？就業呢？這個空前的可笑的矛盾，竟在抗戰進入更艱苦階段，需要團結一切力量，貢獻一切才能的今天，來特別苦惱著我們女同胞。

二、問題的癥結

郵政局也好，別的機關也好，不用已婚女職員的理由是怎樣的呢？可惜筆者沒有機會去向原提案者作一次訪問，但據說其理由是：「婦女能力差，沒有責任心，為家務兒女分心」，同時聽說某地曾以「鬧桃色事件」作為不用女職員的理由的，但筆者在這裡不想對婦女的能力、責任心及關於桃色事件等有所申述或駁斥，使話跟拉得太遠，但想來總不致於因已婚女職員無「桃色事件」可鬧？或則曾一度碰壁，竟一怒衝冠，從此女人「禍水」，一概排絕了吧？——那末，真正的根源究竟是怎樣的呢？

這個不成問題的問題的發生，主要的是由於社會某些人士，對於婦女就業問題的謬誤見解在作祟。他們認

為：婦女沒有能力，沒有責任心，會鬧「桃色糾紛」，男子是社會主要成員，女職員應該把位置讓出來給失業男子；而不用「已婚女職員」正是不用「女職員」的另一方式，也即是他們錯誤觀念的伸張：結了婚是有靠身了，儘可不必「佔住」職位了。有了動機那怕生不出理由：「家務兒女分身，減低工作效率」，這理由在許多理由中是最可觀，最易獲得同情的一個了。

當然，我們也不能否認，少部份是由於婦女本身認識的不夠：少數職業婦女們她們把職業看做金錢的自來水龍頭，只知道領薪水，不知道盡責任，有的還自恃女性，已結婚的，整天牽掛在家庭、丈夫、兒女上，對職務只是敷衍塞責。這些在生活上，在從業態度上處處留給人指摘的藉口，當然是不能原諒的，這樣的人物是應在清除之列的，但卻不能以這少數的現象作為整個「不用女職員」的論例，這因噎廢食的理由是誰都知道不合理的；同時如前面所說，這樣的現象也不是不能教育不能糾正的，相反地，婦女本身的存在著這些弱點與缺點，正都是社會環境和一般男性的謬誤觀念所促成的。

三、問題的嚴重

「不用已婚婦女」的結果是怎樣呢？很明顯的，廣大的未入職業大門的已婚婦女，不管她們知識、才能、事業意志多麼高，也將只配在廚房裡呆上一輩子；同時在職的女職員，不管你平日多麼負責多麼熱忱，對工作有多少大貢獻，只要一結婚那也便什麼都完了，這在社會事業，國力人才上說是多麼大的損失！這無形中縮短

了就業的壽命！對於婦運前途又是多麼嚴重的摧殘！

現在且看一篇為重慶郵局女職員呼籲的文章中，有著這樣的一段：「最使她們不能不叫喊起來的是：為什麼她們不能結婚？她們現在不能不造一些事實來請病假，有些人不能不為日益膨大的肚皮而愁眉苦臉，她們中間有些人不能不做著那些對於孕婦不適宜的超重的工作……這證明婦女能力，責任心並沒有落後」。——這說明了什麼呢？說明了限制的結果不但摧殘了女職員本身，而且還摧殘了未來的中華新國民；這說明了女性為繁衍人種擔負了最艱鉅的女性任務，而現在卻就因了這個「母性」，被社會排斥且將因此不能生活。這是一個嚴重的問題！我們決不能把它看成只是部份婦女就業的困難，這是整個婦女職業有無保障的問題，是男女職業權利平等的問題，是決定婦女社會地位的問題，這問題是不容我們忽視的！

四、問題的解決

事實上，一個已婚的婦女比一個女青年，工作的耐心，處事的經驗一定只有過之無不及的，尤其一個在工作崗位上有了歷史的，她的技術的熟練，服務的經驗，那是更值得寶貴的。不過所謂「家務兒女的分心」，我們也不能否認，結了婚多少會增加一些麻煩，特別在封建殘餘意識相當濃厚的中國社會，做家庭主婦，做妻子，做母親的要求，仍舊繁重的落在職業婦女的頭上。然而，這決不是無法補救的，同時這問題又不是婦女個人的問題，這是社會問題，婚姻制度問題，應該由社會

和所在機關共同負責幫助整個解決的。

　　具體的解決辦法應該是怎樣的呢？

1. 產前產後給假一、二個月，薪水照給，儘可能在孕期內另安排輕宜的工作，實行部份生活改善，這樣定使女職員更能安心盡責的工作。

2. 創辦公共食堂：一天三餐對於婦女時間的浪費是很大的，公共食堂由誰來辦呢？有些機關有包辦膳食的那自然很好，沒有的話，就由職業婦女自己以合作社的方式合資來辦理，由小範圍。如一機關內或聯合幾個機關團體，將來還儘可擴大試辦大規模的大食堂。

3. 設立公共托兒所；一般職業婦女感覺養孩子是最沒有辦法的。一邊沒工夫自己養，一邊又沒錢僱奶媽照顧，她們腦子裡老早在希望托兒所的出現了，現在，為了事實需要的不能老等待，趕快推動當地政府或機關當局或婦女領袖來創辦，或由職業婦女自己開手來辦，以後再設法邀請政府及去熱心人士的協助。

4. 加強職業婦女本身的修養：加強對事業的認識，提高工作信心和責任心，培養技術能力，以高度的工作成績來爭取信譽和地位。

　　最後，我們要著重的提出：男女在職業上決不是相對立的，而是分工互助的。對於已婚婦女只有真正的幫助解決困難，才能提高她們的工作效率，才能使她們在工作上有不斷進步。

　　千千萬萬已婚的女同胞們，我們要以更雄偉的姿

態，堅強地以團結精神以工作成績來爭取我們職業的平
等權利，來推動整個社會進步。只有在將來進步的社會
裡，婦女的職業地位，婦女的一切權利才能得到真正的
永遠的保障。

（《浙江婦女》，第 3 卷第 5、6 期，1940 年 12 月）

所謂「生物的平等」
陸合豐

　　記得以前潘光旦先生曾經詛咒過從事婦女運動的，都是沒有交到「桃花運」的老處女，因為他一向主張「婦女唯一的重要任務是族種的綿延」。因此，他斷定婦運是沒有前途的。後來王伊蔚女士「義憤填胸」的罵過他：「祇要是有人性的人，都曉得中國目前已到了千鈞一髮，危急存亡之秋，民眾救亡的唯一途徑，是刻不容緩的向帝國主義鬥爭的工作。婦女們要拯救中國，還是躲在房子裡研究做母親？還是跑出閨房向帝國主義鬥爭？二者孰輕熟重，婦女們是有人性動物，當然知道辦別的。」（見 23 年 12 月 15 日《女聲》3 卷 5 期）

　　三年多對日的民族解放抗戰，已使中國大大的變化進了。特別是婦女大眾，她們都找到了她們應走的解放的道路，她們已清楚的認識，婦女解放運動必須要在民族解放運動中求得完成；換句話說：現階段的婦女運動必須要與民族解放運動取得密切的聯繫。三年來，婦女在前線，在敵後，在醫院中，在學校，在保育院，在工廠，在合作社，在農村⋯⋯中，婦女大眾已經發揮了很大的力量。在今天，「誰埋沒這個力量，誰就是犯罪。」

　　然而，躲在後方「堪察加」（昆明）的一些「文化人」，也許閒得無聊苦悶，也許害怕自己的「太太」、「小姐」，出外「拋頭露面」，不能如「小鳥」那樣的依在懷裡，專供自己的享樂，也許⋯⋯，於是又在女人身上大做文章，天花亂墜的造了一大套「像煞有介事」的理由，叫女人快點回到家裡去，說女人只有在家裡才

能得到真正的平等自由與快樂。

　　自然，這批受過「洋化」的「紳士」，不會再如過去那些「正人君子」直喊著：「女子無才便是德」，「在家從父，出嫁從夫，夫死從子」的愚蠢的口號。他們會玩弄一些新的名詞，會披上一身「科學」的外衣，來掩蓋他復古的醜惡。什麼：「自然界似乎早就安排好，在性的親媟（Sexual Intimacy）上，男女二性不能能有上下、優劣、高低之分，不然就會失卻性的作用。男女的平等應建築在生物的平等之上，因為只有這種平等才是相容相成相輔的平等，其他的平等是相拒相爭相消的平等，前者是快樂之源，後者是痛苦之根。近代的女權運動，從這個觀點上看來，是一個捨本逐末徒勞無功的運動。……女人的真正位置在「家」（Home）裡，因為只有在家裡才能得到真正的，生物的，長久的平等，在家以外，譬如說，參政會，得到的平等是假的、人做的、暫時的。……從前中國的「賢妻良母」的老套，未可厚非，因為在家裡，女人的地位是為妻為母，為妻為母做到「賢」與「良」，則女人的真正平等得到了，當她為妻為母時，她不將丈夫以不平等待她，因為她當持特有的「性」的武器，可用以強迫男子就範，他就範時，「平等」——生物的真正平等——就得到了。這就是為甚麼許多要人都要聽太太的話，而要人太太可以「垂簾聽政」的道理。世界上最有效的訓詞是「帳裡詞」（Curtain lecture），最有力的告狀是「枕頭狀」。……所以自有人類歷史以來，上自皇帝，下及庶民老爺，都罵過太太，也被太太罵過，這相罵就是

「平等」的表現。性的平等是自然的、駐定的、生物的（Biological）；其他的平等是人為的、不自然的、強做的。」（《戰國策》11 期，尹及的〈談婦女〉）

「女子根本就是女子，女子亟力要想作男子，就是違反自然。……近代的『女子』運動，實際上是『男子』運動。女子要變男子，在生理上是不可能的，在實際上成了虛偽。社會上充滿了『虛偽的男子』，一切的創造革命，無形中受極大的阻阨。」（《戰國策》第8期，陳銓的〈尼采與女性〉）

顯然，這種所謂「生物的平等，拆穿西洋鏡來說：就是要叫女人永遠做性的工具和家庭的奴隸，這與舊的賢妻良母主義，在本質上是毫無區別的。

我們就拿「性」來說吧，男的可以毫無顧忌的納妾宿娼，尋花問柳，而且還可以誇耀「風流」；但女的不但被關在閨房裡，禁止和其他男子談笑，而且還要用野蠻的「貞操帶」來防制著，用「貞操」、「守節」的美名來哄騙著，如果有了「外遇」，那更不得了，丈夫可以自由的處置（死或休）；要是不能生育（其實這也不能全怪女子），那也將得到「七出」之一的罪名。近來，雖然由於少數先進婦女的力爭，在法律上總算是規定男女平等了，但事實上怎樣？「一切經濟權力都為男子把握著的現社會中，大多數婦女經濟不能獨立，生活尚要男子維持，行動又那裡能夠自由？如此，她們有什麼膽量去和其他男子通姦？你要和人通姦嗎，你馬上便要失去你的飯碗！其次，社會還要對你加上一種嚴厲的制裁，使你沒有立足的餘地；反之，丈夫與人通姦，被

豢養著的妻子就是明明曉得，然而為了保持自己飯碗，也只得巴巴地看著，讓丈夫說漂亮話：「你不願意我這與人通姦的丈夫嗎？那你儘管走開。」做妻子的還有什麼話可說！（王伊蔚，《女聲》3 卷 3 期）因此，在現社會，這種所謂法律上的平等，也只是法律上的平等而已。性的平等云何哉！

其次，這批「紳士」們希望婦女回到家裡去，但是，今日有許多的婦女，為著生活的壓迫，而不得不走出家庭，作為女工、傭婦，與各種自由職業者，有些更不得已而把自己肉體公開的叫賣出租；「貧賤夫妻百事哀」，有許多貧苦的夫婦不得不這樣「天各一方」的離散著，過著「有家歸未得」的悲痛的流浪生活；即使夫婦能在一起，但為著經濟的壓迫，心境的忿鬱，而常常口角賭氣，在這種場合下，女子往往更倒霉的成了丈夫的「出氣洞」。

至於說從事婦女運動的是「虛偽的男子」，而且「社會上充滿了虛偽的男子，一切的創造革命，要受極大的阻阨。」這種大膽的造謠說謊，實在是不值一駁的。這被我們就借用他的同志尹及先生的話來回答他：「無論何人看過西歐與美國及蘇聯電影裡的，都感覺其中表現出的兩種女性，顯示兩個世界。大體來說，前者的女性較為「女性的（Womanly），後者則較為「男性的」（Manly），若把我們中國的女性比較西歐美國，我們的又更較為「女性的」，以中國往日之舊女性比近代的新女性，則前者又較後者為更「女性的」；這幾種文化顯然在「女性的」這點上，構成一分可上下的滑尺

（Slide rule）。（《戰國策》11 期），就算過去的「弱不禁風」、「多愁善病」的「林黛玉式」的美人是更「女性的」吧，但，我想除非是「阿Q」，才會老著臉皮說：我們往日的舊女子比近代的新女子更文明呢！

在與日本帝國主義決死鬥爭的今日，需要動員千百萬的男女共同參加抗建工作，才能有把握的獲得我們「抗戰必勝，建國必成」；也只有打倒了兇暴的日本帝國主義，建立了獨立自由幸福的新中國，婦女才能獲得經濟的獨立，與真正的平等的「人」的地位。但現在卻有那些躲在後方的「貌似忠勇」的「紳士」，偏叫女子乖乖的回到家裡去求「生物的平等」（？）哩！真是咄咄怪事！然而，非「別有懷抱」者是決不會開這「時代的倒車」的。

歷史在不斷的進展著。賢妻良母制也必然的會隨著封建社會基礎的動搖而沒落。那時封建殘餘的「君子」們，雖然再從「毛廁」裡撈出「賢妻良母」，的牌位，然而進步的覺悟的中華兒女，是不會再上它的當的。這些「借屍還魂」的把戲，徒見其「心勞力拙」而已！

（《浙江婦女》，第 3 卷第 5、6 期，1940 年 12 月）

民國史料 74

回到家庭去
婦女職業問題討論集（1933–1945）
上冊

Kinder, Küche, Kirche-
Dispute about the Women's Work Right, 1933-1945
- Section I

主　　編	柯惠鈴
總 編 輯	陳新林、呂芳上
執行編輯	林育薇
封面設計	溫心忻
排　　版	溫心忻

出　　版　🛡 開源書局出版有限公司

香港金鐘夏愨道 18 號海富中心
1 座 26 樓 06 室
TEL：+852-35860995

🌼 民國歷史文化學社 有限公司
10646 台北市大安區羅斯福路三段
37 號 7 樓之 1
TEL：+886-2-2369-6912
FAX：+886-2-2369-6990

http://www.rchcs.com.tw

初版一刷	2022 年 8 月 31 日
定　　價	新台幣 400 元
	港　幣 110 元
	美　元 15 元
I S B N	978-626-7157-39-8
印　　刷	長達印刷有限公司

台北市西園路二段 50 巷 4 弄 21 號
TEL：+886-2-2304-0488

國家圖書館出版品預行編目 (CIP) 資料
回到家庭去 : 婦女職業問題討論集 (1933-1945)
= Kinder, Küche, Kirche: Dispute about the
Women's Work Right, 1933-1945/ 柯惠鈴主編 .
-- 初版 . -- 臺北市 : 民國歷史文化學社有限公司 ,
2022.08

　　冊；　公分 . -- (民國史料 ; 74-75)

ISBN 978-626-7157-39-8　(上冊 : 平裝). --
ISBN 978-626-7157-40-4　(下冊 : 平裝)

1.CST: 職業婦女　2.CST: 文集

544.5307　　　　　　　　　111011538